JN074628

企業が腐る3つの理由

インテグリティはあるのか

本村 健・齋藤弘樹・清水俊宏 著

中央経済社

は し が き

　世の経営者の中には「生まれながらのリーダー（Born Leader）」,「カリスマ的リーダー」と評される人々が存在する。また，一国の長ともなれば，その一挙手一投足が注目を集めることになる。しかし，そういった人たちを除けば，この国において組織のリーダーについてどれほど議論がなされることがあるか。組織に属する従業員や組織のステークホルダーでさえ，積極的に議論しているか。ただ「従うべき存在」「出世争いの勝者」といった程度の見方をしていないか。

　これと対照的なのがチームスポーツの選手である。野球やサッカーといったチームスポーツの観戦を好む者であれば，一人の選手がチームにどのような形で貢献し，その出来・不出来，好・不調がどのようにチームの成績に影響を及ぼすか，雄弁に議論することができる。

　筆者らは，海外の経営大学院でリーダーシップに関する専門教育を学んだ者や，企業法務の中で組織のリーダーに接する機会が多い弁護士，法科大学院において教鞭を執った経歴を有する弁護士である。だから，リーダーを目指す方々には優れたリーダーになってほしいし，世の中の人々がリーダーに向ける視線も強いものになってほしい。そういった思いから，本書は作られている。

　本書の構成・狙いは，企業不祥事の発生原因・発覚後の対応というセンセーショナルな場面を例にリーダーシップの重要性を述べた上で，企業不祥事からの再生といういわばリーダーが大ナタを振るわなければ企業の存続が危ぶまれ，リーダーの真価が問われる局面を例にリーダーシップの在り方について述べる，というものである。

　不正会計，品質偽装，競争制限行為といった企業不祥事の根本原因の探求，企業不祥事の発覚後の調査報告書や再発防止策の内容はいずれも重要であり，本書でもそれらのノウハウについて敢えて記載を省略することはしない。企業不祥事からの再生，特に企業風土の改革は困難であり，本書ではそれらについ

て一定程度のテクニックも記載している。しかし，それらの記載はあくまでも本書においては「手段」であり，一番の狙いは読者の皆様にリーダーシップの在り方について考えてもらうことにある。そのために，ハーバード・ビジネススクールにおけるリーダーシップ教育の紹介にも紙面を割いている。

　近年，組織において対処すべきリスクは広がっており，環境や社会の変動を念頭においたリスクマネジメント（ESG投資の発想の根底），新型コロナウィルス感染症リスクやロシアの地政学リスクのような突発的に発生するリスクへの対応等においては，リーダーの情熱や倫理観，インテグリティ（integrity：16頁参照）が欠かせないものとなってきている。その一方で，今やリーダーシップは生まれながらにしか身に付けられないものではなく，学ぶことができるものとされており，身に付ける方法論も構築されている。つまり，リーダーシップは必要であるし，身に付けられる時代になっている。

　では，リーダーシップについて，どのように学ぶことが効果的であるか。本書では，世に言う「カリスマ的経営者」の成功体験に学ぶというアプローチを推奨しない。この国において長らく安定的に運用されてきた「終身雇用制度」の下で，変化の兆しはあるにしても，同じ企業でコーポレート・ラダーを勝ち上がるリーダーは今でも少なくない。そのような中で，企業風土の異なる他企業の成功から学べることは，きわめて限られている。単に成功事例を部分的に真似するだけでは，成功へ導くシナリオを体系的・大局的に鳥瞰できるわけでもなく，うまくいく保証はない。

　それよりもむしろ，企業不祥事のような「経営の失敗」から学ぶべきであるというのが本書のスタンスである。企業不祥事は，類型化することができるし，代表的な類型は限られている。失敗には必ず原因があり，失敗の原因となったリーダーシップの問題を理解して克服すれば，同じ失敗を繰り返さなくて済む。

　企業活動はリーダーのメッセージの下に行われるが，①リーダーのメッセー

ジに誤りがあったり，リーダーに不作為があったりすれば，企業自体も誤った方向に進んでしまう。

　また，そうでなくとも，②「ガバナンスの欠如」や③「不健全な企業風土」という欠陥を是正できていない企業では，発信されたメッセージが組織に誤った形で受け止められることもある。厳しい言い方になるかもしれないが，メッセージが誤った形で受け止められる場合も含めて，リーダーの失敗であり，企業不祥事はそれら①②③のいずれかの顕在化事例である。

　このことを第1編の事例を通じて感じてほしい。そして①②③のパターンのいずれについても，組織のインテグリティを醸成して，リーダー自身がインテグリティをもって健全なリーダーシップを発揮すれば回避し得るものであることについて，第2編，第3編を通じて気づきがあればと思う。

　失敗の原因から学ぶアプローチは，これからのリカレント教育やリスキリングにおいても有効である。また，MBAにおけるケースメソッドという名の下の「成功体験ベース」の学びと，経営の失敗からの学びの両方が揃って初めて真の実効性のあるリーダーシップ教育となるだろう。本書はそういった確信から，この両方―MBA視点とリーガルマインド視点―について言及した。

　本書がリーダーシップについて考える一助，このような難しい時代に対処する一助，将来読者がリーダーとなったときに判断・決断をする材料・教科書となれば望外の喜びである。

　『企業が腐る3つの理由―インテグリティはあるのか』の上梓に際しては，株式会社中央経済社の秋山宗一氏に大変お世話になりました。執筆者一同，深く御礼を記しておきます。

　　令和5年2月

著者　本村 健＝齋藤弘樹＝清水俊宏

○インターネット上の二次元コードによる
資料公開について

　本書の一番の狙いは読者の皆様にリーダーシップの在り方について考えてもらうことにあり，リーダーシップの在り方について，特に失敗事例を意識して述べている。

　一方，読者の皆様に対して，企業不祥事の類型・発生原因，役員・従業員に対する教育方法について紹介するに越したことはないし，必要に応じてアップデートできる余地もあると，なお好ましい。

　そういった考えから，本書ではインターネット上に資料を公開することにした。二次元コードを読み取ってもらえば，資料を公開したウェブページにアクセスできる。

　基本的には会計不正等の企業不祥事の類型，企業不祥事に伴う法的問題に関する資料を公開することを考えているが，それ以外に筆者らが大学院の授業で用いたシラバスのような資料も公開することにしたい。

　本書のみならず，ウェブサイト上の資料も，読者の糧となれば幸甚である。

以　上

目　　次

序章　なぜ,「不正」と「不祥事」は繰り返されるのか（序：問題提起） —————— 11

◆リーダーの直感と主観的判断，その良し悪し／11

◆限定合理性の問題を考える／11

◆行き過ぎた「見える化」／12

◆直観力と起業家精神／12

◆一部の総合電機メーカーを巡る問題／14

◆宗教心／14

◆リーダーシップは，学べるのか／16

◆誤ったリーダーシップ／24

◆序章結　インテグリティの欠如，MBA的視点とリーガルマインドの欠如／32

第1編　不祥事の原因となる，誤ったリーダーシップ　　35

第1章　会計不正編（原因と解決策の提示①）ホシザキ ——— 36

第1項　事案の概要／36

第2項　ルートコーズとリーダーシップ／40

第3項　再発防止とリーダーシップ・企業風土／41

第4項　ホシザキグループにおける企業不祥事から学ぶリーダーシップ／43

第2章　品質偽装編（原因と解決策の提示②）神戸製鋼所 ——— 44

第1項　事案の概要／44

第2項　ルートコーズとリーダーシップ／48

第3項　再発防止とリーダーシップ・企業風土／50

第4項　品質不正事案から学ぶ，不正のトライアングルとリーダーシップ
　　　／51

第3章　資格偽装編（原因と解決策の提示③）水道機工 ──── 53

第1項　事案の概要／53

第2項　ルートコーズとリーダーシップ／57

第3項　再発防止策とリーダーシップ・企業風土／58

第4章　競争制限行為編(原因と解決策の提示④)リニア談合 ─ 60

第1項　事案の概要／60

第2項　ルートコーズとリーダーシップ／63

第3項　再発防止策とリーダーシップ・企業風土／64

第4項　リニア工事における受注調整行為から学ぶリーダーシップ／66

第5章　腐敗行為編（原因と解決策の提示⑤）天馬 ──────── 68

第1項　事案の概要／68

第2項　ルートコーズとリーダーシップ／71

第3項　再発防止策とリーダーシップ・企業風土／71

第4項　リーダーに求められるステークホルダー目線／72

第6章　情報管理編（原因と解決策の提示⑥）ベネッセ，シン
　　　フォーム ──────────────────────────── 74

第1項　事案の概要／74

第2項　シンフォームのみならずベネッセにおける企業不祥事という評価／75

第7章　新たな企業不祥事への備え─未知のリスクはあるのか─ 77

第8章　総　括───────────────── 79

第2編 **不祥事対応に見る，マーケット目線を持ったリーダーシップ** 83

第1章　マーケットを意識した調査実務───── 84
　第1項　企業不祥事の疑いが発見された直後の対応と調査体制／84
　第2項　企業不祥事の調査スコープ／88
　第3項　調査される側となった場合の協力／91

第2章　調査報告書が公表される前後の開示等───── 92
　第1項　調査報告書が公表される前の開示等／92
　第2項　調査報告書が公表された後の開示等／94

第3章　再発防止策としての内部統制の構築───── 96
　第1項　企業の健全な成長のための3要素—リーダーシップ・内部統制・企業風土のトライアングル／96
　第2項　COSOモデルで考える内部統制システム強化のヒント／100
　第3項　戦略的管理／106

第4章　改善（状況）報告書対応から見るマーケット目線とは── 111
　第1項　改善報告書および改善状況報告書の書き方／111
　第2項　改善状況報告書以外での再発防止策の進捗状況の説明／117

第5章　IR・株主総会───────────── 118
　第1項　中期計画との連動／118
　第2項　株主総会／119

第6章　有事でない企業への「学び」の観点（まとめ）── 121

第1項　マーケットからの信頼を得るための見本とする／121

第2項　組織再編やビジネス再編の参考にする／122

第3編　企業風土改革とリーダーシップ　125

第1章　そして企業風土改革 ───────────── 126

第1項　企業風土とは何か／126

第2項　なぜ企業風土改革なのか／136

第3項　企業風土改革の進め方／138

第4項　人事部が果たす役割の重要性／147

第5項　取締役会改革／159

第2章　研修プログラム─俯瞰が重要 ─────────── 161

第3章　風化させない仕組みづくり ─────────── 165

第1項　社内で不祥事を語り継ぐ／165

第2項　リーダーシップ再考／168

第3項　ジェネラルカウンセルの活用／197

第4章　企業風土改革のM&A・PMI・人的資本経営への応用 ── 200

終章　組織と戦略─MBA視点とリーガル視点 ─────── 203

参考文献／209

序章

なぜ，「不正」と「不祥事」は
繰り返されるのか

（序：問題提起）

◆リーダーの直感と主観的判断，その良し悪し

　大半の読者にとっては意外かもしれないが，リーダーに求められるものが，「主観的な」価値判断だ。もっとも，リーダーが自らの計算結果（客観的な価値判断）に従うことが良いか悪いか，もう一段上から主観的に価値判断できる人は10人に1人いるかどうかではないか。「たとえ損得計算の結果がプラスでも，それは良くないと価値判断して抑止できるかどうか」，ここにリーダーとしての真の資質があるのだと考えられる。

　こうした「リーダーとはどうあるべきか」という点については，次世代リーダーの教育・研修を担当する人事の方々も悩んでいるようである。人事研修で，「リーダーの条件は何ですか」と聞かれたときは次のように答えることにしている。「主観的に価値判断して，それに対する責任がとれるかどうか」であると。ところが，それがなかなか難しい条件なのである。結果として，マックス・ウェーバーのいう「魂のない鋼鉄の檻」のような人間組織が形成されてしまうことが往々にしてある。

◆限定合理性の問題を考える

　主観的な価値判断の重要性については，ハーバート・サイモンのいう「限定合理性」がとても参考になる。すなわち，損得計算をして合理的に判断しよう

とするけれども，人間には認識能力の限界があるために，ある目的に対して限られた合理性しか持ち得ない。

その結果，悪手になるような判断をしてしまうことがある。この「限定合理性」の壁を越えるカギが，イマヌエル・カントのいう「自律的行動」にある。

◆行き過ぎた「見える化」

思うに，日本は「見える化」が重視され過ぎているのではないだろうか。数字，業績といった目に見えるものだけしか見ようとしないから，「悪いことをしても業績を上げればいい」といった極端な考えが出てきてしまうことがある。

人間には見えない側面がたくさんある。リーダーには，そうした見えないものを見る力も問われると思う。ここで言う見えないものとは，倫理，道徳や誠実さといった「人間性」の部分である。それを見抜いてくるリーダーは，「どんな手段を使っても業績さえ上げればいい」と考えている部下にとっては怖い存在となるであろう。

一方，誠実に仕事をしている部下には，「人間性」を見抜いてくるリーダーは歓迎されるはずである。それによって人間組織が健全なものになっていくと言える。その中で日本が勝負していく戦略の一つとして，多少ハードルは高くても，「日本の企業は裏切らない」という見えない価値を世界に示していくこともあるのではないかと考える。

◆直観力と起業家精神
■直観力

データに基づく客観性が重視される現代社会であるが，客観性だけに依存した意思決定は危険である。特に，リーダーが備えるべき素質としては，主観的な価値判断の重要性を強調することとしたい。そしてこうした主観的な価値判断は起業家精神にも通じるものがある。まさに「直観力」というものである。

グローバルのMBA教育の文脈では，「直観力」だけに頼った経営判断のスタイルは，むしろ感覚的な経営として疎まれ，客観的，科学的な意思決定の重要

性が強調されることが多いようである。しかし，経営陣にまで上り詰めた先の
リーダーに求められるものは，単純ではない。

　「経営はサイエンスかアートか」という問いに対する答えは一つではないが，
一つの考えとしては，経営はサイエンスであり，かつアートである。客観的，
データ的な裏付けのある意思決定を基礎としながらも，数字に無条件に従う姿
勢ではない，経営者の「良心」による是非善悪判断，これを最後の砦として持
たない経営は，洗練されていない。

■起業家精神

　起業家精神（起業家としてのリーダーに求められる資質）も同様に考えられ
る。客観的，論理的な説得力が求められることは大前提であるが，それだけで
は，エンジェル投資家を魅了するには不十分である。ビジネス革新にかける情
熱，自らの「人間性」や主観的な価値判断に基づく是非善悪の基準，それらが
全人格的な魅力となって，人を魅了するのである。

　印象的な事例がある。地方に拠点を置く食品会社の話である。業績好調な企
業であるが，その経営陣は，「食品会社は，食の安全が第一。上場して短期的
な利益に目が行くようになることで，食の安全がおろそかになってはいけな
い」という信念のもと，決して上場はしないという。

　また，取引先企業との信頼関係を何よりも大切にし，中長期的な視点でビジ
ネス上得られるメリットを考えることから，決して一時的な提案価格の高い安
いで，取引先を変えたりすることはないそうである。

　これらの経営判断はすべて，数字に無条件に従う姿勢ではない，経営者の
「良心」による是非善悪判断そのものではないだろうか。この企業は，社員の
愛社精神が高いということも納得できる。

■望ましくない事例

　一方で，対極的な事例として，次のような組織もある。すなわち，コスト削
減の観点から，取引先選定に際しては，必ず複数の事業者から相見積もりを取

得することを原則としている。それ自体は，世の中でよく行われていることであり，合理的である。

　しかし，その原則が行き過ぎて，その組織では，ボールペン1本の購入にまで相見積もりを取ろうとするような，おかしな実務慣行を生んだ。ご存じのように，ボールペン1本に見積もりを発行してくれる文具店は，そう多くはない。

　そのため，見積もりを発行してくれないディスカウントストアでは買わずに，見積もりを発行してくれる文具店を探して買ったところ，ディスカウントストアで買うよりも高い価格で購入することとなった，というような話もある。ここまで来ると，もはやサイエンスでも何でもない。

◆一部の総合電機メーカーを巡る問題

　近年の日本企業におけるコンプライアンスやガバナンスの問題について考えると，組織の下部構造で起きている問題を，下部構造の改革だけで対処しようとしているように思えてならない。

　実際には経営陣の価値観や規範，「主観的な」価値判断などから成る上部構造の反作用が重要である。しかるに，その上部構造の反作用部分が弱くなっているために，下部構造の問題を解決できないのではないかと思う。

◆宗教心

　その点は，宗教観の違いも関係しているかもしれない。日本人は，宗教という柱が弱いために，意思決定原理として損得計算や「客観性」に依存しがちである。

　企業のトップの方はよく「われわれはいつもデータに基づいて客観的に意思決定している」とおっしゃる。しかし，もしもそのデータが間違っていたらどうなるのか。

　もし意思決定後に間違っていることが判明したら，おそらくデータを作成した部下が叱られることになるのではないか。そうすると部下は萎縮して，次からは間違いに気づいても隠すようになる。こうして，隠蔽体質の不健全な組織

が出来上がっていくのである。

　そうならないためには，リーダーが重層的に価値判断して行動する必要がある。客観的なデータに加え，「自分はこれが善いと思う」と主観的な選択をして，その責任を取る覚悟が必要となる。

　これは科学と哲学の問題でもある。科学万能主義で客観性が無条件によいとされ，哲学を非科学として疎かにしてきたことに根本の原因があるとも言える。

　前述したように，倫理，道徳や誠実さといった「人間性」の部分を見抜けるリーダーは，「どんな手段を使っても業績さえ上げればいい」と考えている部下にとっては怖い存在であり，誠実に仕事をしている部下には歓迎される。それによって人間組織が健全なものになっていく。

　その前提が成り立っている歴史ある会社，新しくてもよい会社の社員は，自分の会社を愛している。それが，実は組織の強さにつながっている。自分の会社のことが好きだから，赤字になり給与が下がっても，社員は辞めない。

　損得計算を超えた価値判断ができるかどうか。グローバル競争の時代には，そのことが組織にも，それを構成する一人一人にも，問われるのだと思う。

【図表序－1】　強い企業の要素

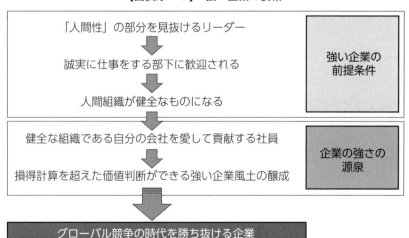

◆リーダーシップは，学べるのか

　では，リーダーの資質，すなわちリーダーシップを高めるために，経営陣や次世代経営陣は何をしたらよいのか。

　いわゆる「リーダーシップ論」に関するMBA関係の書籍はたくさんある。それを片端から読み漁るというのも一つだが，多忙を極める中ではそれもなかなか難しい。

　そもそもリーダーシップというのは，学べるものなのか。英語でBorn Leaderという言葉があるが，生まれながらにリーダーの資質を持っているか，持っていないかの違いということではないのか。

　結論からいうと，リーダーシップは，学ぶことができる。リーダーシップをどう学んでいくかは，もちろん各人各様である。

　しかし，本書においては，経営陣や次世代経営陣に，短時間で，日常業務に即したかたちで，リーダーシップを体得してもらい，日々実践してもらうための一つの方法論を提示する。

■Integrity（インテグリティ）

　英語としてのIntegrityは，誠実，高潔などと訳されることが多い。経営陣の価値基準としての意味合いとして，あえて日本語にするなら，「誰が聞いても論理的，客観的に納得感があるブレない考え方および態度」というふうに説明したいと思う。

　したがって，その意味を受け止めた上で，あえて「インテグリティ」というカタカナのまま使用することも考えられる。まさにこの「インテグリティ」がリーダーシップの本質である。「経営哲学」，「経営倫理」といった言葉や概念も，シンプル化したその先にある究極のものは，「インテグリティ」に近いのではないかと思う。

　「インテグリティ」を身に付ける経験則的な一つの方法は，①人よりも深く考え，②論理的，客観的に判断する習慣をつけ，③意思決定を裏付ける根拠を明らかにする（アカウンタビリティ）といったことを，日常業務において常に

心がけることである。このほかに，基礎的な素養を身に付ける必要はあるが，それは後述する。

【図表序－2】 「インテグリティ」の身に付け方

---

① 思慮深さ（内面）：より深く考える
　　→「倫理観，誠実性，自律心」を涵養

② 思慮深さ（外面）：論理的，客観的に判断する
　　→「論理性，一貫性，客観性」を発揮

③ 上記①②を踏まえた「言行一致」：意思決定プロセスを透明化する
　　→社員に対するアンケート（定点観測）で経営者に対する信頼を評価

■インテグリティを問われた「エンロン事件」

　2001年当時，アメリカ史上最大の企業倒産と言われた「エンロン事件」があった。テキサス州ヒューストンに本社を置き，エネルギーを原資産とするデリバティブ取引なども含む斬新なビジネスモデルとM&Aにより，全米有数の企業に急成長したエンロン社は，実は多額の粉飾決算を行っていたことが発覚した。

　アメリカにおいてSOX法の制定にもつながった「エンロン事件」は，「会計不正」，「マネジメント・オーバーライド」，それらを引き起こさないためのコーポレート・ガバナンスの在り方など，あれから20年以上経った現在においても，企業経営に示唆するところは大きい。何と言っても，経営陣のインテグリティが強く問われることとなった事件であったことは，今でも印象に強く残っている。

　ちなみに，エンロン社の元最高経営責任者（CEO）であるジェフリー・スキリング氏は，ハーバード・ビジネススクールの卒業生でもあった。したがって，「エンロン事件」は，ハーバード・ビジネススクール関係者にとってひときわ衝撃的であり，筆者が2002年から同校に留学したときも，まさにMBA教育の在り方について，否応なく考えさせられたものである。

リーダーシップ，会計に対する正しい理解，あらゆるマネジメント・スキルを活かしながら，経営判断の軸にあるべきインテグリティの最重要性について，何度も経営マインドとして叩き込まれた。これがまさに「リーダーシップ教育」であるわけだが，詳しくは後述する。

■健全な企業経営の妨げになる事例

インテグリティとは正反対に，暴走する経営陣が内部統制システムの崩壊をもたらす事例（マネジメント・オーバーライド）がある。以下では，マネジメント・オーバーライドを含む事例をいくつか紹介する。これらはいずれも，健全な企業経営の妨げになる事例である。

①　コンプライアンスを「コスト」と断言する経営者

コンプライアンスは，単なる法令遵守にとどまらず，社会通念上の倫理観にも配慮しながら，企業として健全な経営を目指す姿勢のことと捉える企業は増えている。それは，その経営陣が，そうすることで社会の信頼が得られ，中長期的にビジネスを成功させる基礎になると信じているからである。まさに経営陣たるもの，このようにリーダーシップを発揮してもらいたいものである。

ところが，その対極に，コンプライアンスを単なる「コスト」であると言ってはばからない経営者がいる。確かに法令遵守に始まり，コンプライアンス体制を整えるには，リソースを必要とする。そのことを捉えて，「コンプライアンスは，経済的にゆとりがある企業が取り組めばよい」などという身勝手な理屈を述べる経営者を誰が信用するであろうか。

リスク管理の観点から必要とされる内部管理体制の冗長性（事業継続の観点から予備のITインフラを用意することなどにより確保される安全性）を「競争力低下要素」としか考えない経営者についても，同じことが言える。

②　No.2のポジションに聞こえのいいことばかり言う人間を登用する経営者

　企業の規模を問わず，経営者が必ずしもリーダーシップ教育を受けてきたとは限らない。仮にリーダーシップ教育を受けてきたとしても，自分に率直に意見をしてくれる部下を重用して，自らの右腕としてNo.2のポジションに起用する器量のある経営者は，果たしてどれほどいるであろうか。

　難しい経営判断を日々迫られるプレッシャーを一身に背負う立場にある経営者からすれば，自分の意見を聞き入れてくれる，そして自分の思うとおりに経営を執行してくれる側近がNo.2としていてくれれば，これほど心強いことはないと感じるのも無理はないかもしれない。しかし，本当にそうであろうか。

　難しい経営判断であるからこそ，自分とは異なる意見を聞き入れ，できるだけ多くの関連情報や判断根拠をもとに，論理的，客観的に結論を出すことが重要なのではないだろうか。できれば，内部統制システムが十分に整備され，透明な意思決定プロセスにより結論を出すことが望ましい。

　自分が出した結論を無条件に支持してくれるだけのNo.2では，自分ひとりで結論を出していることと変わらない。自分よりもできる部下を遠ざける経営者も同じ過ちを犯している。

③　企業は自分の思いどおりになるものと考えている経営者

　創業社長であろうとなかろうと，ひとたび社長になった瞬間から，企業を思いどおりに動かせると考えている経営者は存在する。明言せずとも，「自分だけは特別だ」という感覚で，平気で規則を逸脱するなどというのは，最も典型的な例である。

　そうでなくとも，規程で定められた意思決定プロセスによることなく，「社長決裁」のような特別承認ルートで決裁してしまうなどというのも，企業を私物化している証である。

　たとえ社長といえども，規程で定められた意思決定プロセスのような「仕組み」が整備されていれば，その決まり事に従わなければならない。「仕組み化」されていない「社長決裁」はご法度なのである。

④　固定観念で次世代リーダーを選ぶ経営者

　日本企業においては，これほどビジネスのグローバル化が進み，人材戦略におけるダイバーシティの重要性が唱えられる現代においても，いまだに固定観念で特定の属性に偏った人材（男性，日本人，新卒，大卒，学閥など）を重用する傾向が残っているところがある。

　しかしながら，人材登用において固定観念は，大抵の場合，期待した効果を生まない。特に，変化の激しい時代において，時宜を得た適切な経営判断をなし得るためには，固定観念を捨てて，外部専門家や外部からの即戦力人材を改革のリーダーシップメンバーに含めるようなことも，選択肢として考えられる。

【図表序－3】　こんな経営者が企業をダメにする！

コンプライアンス ✖ コスト 内部管理体制の冗長性 ✖ 競争力低下要素
No.2のポジション ✖ 経営者に聞こえのいいことばかり言う人間 経営者 ✖ 自分よりもできる部下を遠ざける
経営者 ✖ 企業を思い通りにできる
経営者 ✖ 「生え抜き」だけを優先する

■クライシスマネジメントとリーダーシップ

　企業不祥事には，粉飾決算などの会計不正，品質偽装などの品質不正，異物混入などの食品事故，談合，横領，背任そのほか様々な形態があるが，これら企業不祥事が発覚した場合，経営陣としては，まさにクライシスマネジメントが求められる。その際に発揮されるべきは，適切なリーダーシップであるが，その説明に入る前に，「リーダーとは何か」について触れておきたい。

　世界のリーダー育成を使命として担っているハーバード・ビジネススクールは，リーダーについて次のように説明している。「To make a difference in the world.」つまり，周囲に対してよい方向に変化を引き起こす人，それがリーダーであると考えられている（175頁参照）。本書においても，その考え方をベースに話を進めることとしたい。

　その意味では，まさにクライシスマネジメントにおいて発揮されるべきリーダーシップは，いかにして，企業不祥事といった危機的状況から，平常時への回復の道筋を指し示して，社会からの信頼回復を成し遂げられるかがポイントとなる。

　こうした，いわゆる「有事」の対応は，常日頃から「有事」を想定した準備がなければ，うまくいかない。経営陣が対処すべきは，多岐にわたる。喫緊で課題に対処しなければいけない事情はあるが，目先の対応ばかりに追われて，本来的な意識改革，企業風土改革，構造改革がおろそかになると，また不祥事を繰り返すことになる。

　目先の対応に追われるということは，経営陣として準備ができていないばかりか，「喉元過ぎれば熱さを忘れる」というメンタリティーが企業内にまん延している可能性がある。こうした企業においては，不祥事に対する再発防止策を策定したところで，「策定して終わり」となりがちで，実効性のある継続的な取組みにはつながらない。

　平時からコーポレート・ガバナンスおよび内部統制システムを拡充させておくことで，こうした不祥事を繰り返す悪循環からの脱却を図ることができる。詳しくは後述する。

■歴史からの学びの重要性

　不祥事も，歴史の一コマである。歴史に学ばない経営陣は，同じ失敗を繰り返す。不祥事を隠蔽することなどは，その典型例である。隠蔽することで，問題が発生した原因を第三者の目にさらして徹底的に究明する機会を逸してしまうわけであるから，根本原因が解決されないまま放置されて，また同じことが起きる。

　これを防ぐためには，どんなに不名誉なことであれ，起きてしまった不祥事

は，速やかに公表して，徹底的に原因究明を図ることである。それが歴史から学ぶということであり，社会的に厳しい批判を受けようとも，本来的な経営責任の果たし方である。経営陣が自らの利害ばかりを考えて，この歴史から学ぶ姿勢を放棄するとすれば，社員は当然にそれを感じ取り，そうした自己の利害に基づく無責任な対応を容認する悪しき企業風土が，その企業をむしばむことになる。

　これに対して，過去の不祥事を，社内で研修テキストにまとめて，事案の概要，根本原因，それに対する改善策などを繰り返し全社員に周知し，組織として不祥事の再発防止に対する理解を深めた場合には，同様の不祥事は起きにくい。起きてしまったことは不幸なことであるとしても，組織としてそこから学び，二度と繰り返さない動きにつなげることができることは，経営陣の適切なリードによる，良き企業風土の表れである。

　関連して，過去の不祥事を風化させない仕組みも大切となるが，これについては，後述する。

【図表序－4】　企業不祥事の歴史

2001年	米エンロン，ワールドコム破綻
2003年	└─▶ 米サーベンス・オクスリー法（SOX法）施行
2004年	西武鉄道有価証券報告書虚偽記載，カネボウ巨額粉飾
2006年	ライブドア有報虚偽記載・偽計
2008年	└─▶ 改正金融商品取引法（日本版SOX法）施行
2011年	オリンパス損失飛ばし・解消
2013年	└─▶ 監査における不正リスク対応基準施行
2015年	改正会社法施工，東証コーポレートガバナンス・コード施行
	"コーポレートガバナンス改革元年"と呼ばれたが…
	東芝会計不正
2016年2月	└─▶ 上場会社における不祥事対応のプリンシプル
2006年	三菱自動車燃費不正
2017年	日産自動車，SUBARU無資格完成検査
	神戸製鋼所，三菱マテリアル，東レ品質データ改ざん
2018年3月	└─▶ 上場会社における不祥事予防のプリンシプル

■プリンシプルベース思考とルールベース思考

① プリンシプルベース思考

　　リーダーシップ考の最後に，プリンシプルベース思考について触れておきたい。「プリンシプル」とは，「原則」を意味するが，細かいルールに縛られるのではなく，原則を理解して，その趣旨に沿って適切な行動を取る考え方である。本書では，内部統制システムについて述べる機会が多いが，内部統制においても重要な考え方であるし，リーダーとして求められる姿勢とも密接に関係する。

　　本来，変化の激しい時代において，ビジネスの仕組みも多様性，複雑性を増す中で，すべてが誰かにルールとしてあらかじめ明示してもらえるわけではない。むしろ，リーダーとしては，難しい判断を求められる場面が多く，その際に，どのような考え方に基づいて的確な判断を示すかが問われてくる。その根拠となるのが「プリンシプル」である。

　　「プリンシプル」は，場面に応じて，コーポレートガバナンス・コードであったり，COSOフレームワークであったり，はたまた企業のミッション，ビジョン，バリューであったりするであろう。いずれにしても，それらに照らして取るべき行動は何か，リーダーが判断するのである。もちろん，個別の判断の当否については，3ライン・ディフェンスモデルなどの仕組みを通じて，事後的に妥当性がモニタリングされる。

② ルールベース思考

　　これに対して，ルールベース思考というのは，極力細かなことまであらかじめルールとして明示し，それを遵守しているかどうかで，是非善悪が判断されるやり方である。このスタイルが，予見可能性や効率性の観点から，有効な統治スタイルとなることもあるであろう。

　　かつて，金融業界に対する監督規制が「護送船団方式」などと呼ばれたことがあるが，ルールベース思考が有効に機能するのは，そういった一時期の規制業種であったり，特定の企業ステージであったりといった場面ではないかと思われる。

　いずれにしても，リーダーが「ルールに書いていないから，判断できない」などと言っていては，企業の将来はおぼつかない（そういうことを言う人間は，そもそも「リーダー」ではない）ことは確かである。

◆誤ったリーダーシップ

　ここからは，不祥事を繰り返す企業でよく見られる誤ったリーダーシップの類型について，いくつかの事例を述べることとしたい。

■誤ったリーダーシップの類型①：事なかれ主義

　読者もご経験があるかもしれないが，仕事を指示しても一向に動こうとしない社員がいる。特に，新しい仕事の指示や，業務改善，改革の話となると，その傾向が顕著になる組織は多い。これはもはや個人のモラールの問題ではない。

　これまでに確立されたルーティンを崩そうとしない，目に見えない強烈な抵抗勢力が組織に根付いているのである。まさに悪しき企業風土。新しいことを始めるには，既存の仕組みで動いている人たちとの調整，時には難解な交渉事が必要になる。それを取り仕切るだけの意欲と能力を持ち合わせた社員は，どんな組織においてもなかなかいないであろう。これが，多くの企業にはびこる「事なかれ主義」である。

■誤ったリーダーシップの類型②：セクショナリズム

　セクショナリズムも，これと似ている。他部門に影響を及ぼすような提案や改善は，当該他部門から猛烈な反発を受けることがよくある。そうした強烈な抵抗勢力と粘り強く交渉し，調整し，全体最適を実現できる人材もなかなかいない。むしろ，それができる人は，次世代経営陣を担うべきリーダーということになる。

コラム

企業の成長の足かせとなるメンタリティー

　会社をよくするために，という発想よりも，部門利害，部門の面子が第一という部門長をよく見かける。大企業でありがちな風潮ではあるが，そこにはお客様目線も，全社的な視点も欠けているため，企業の成長の足かせとなることは間違いない。

　趣旨をはき違えて「部下を守る」つもりの勝手な使命感であれ，「自己の保身を図る」という防衛本能であれ，それを理由に部分最適だけを追求する姿勢に陥ることは，お客様や株主をはじめとするステークホルダーが望んでいることではない。往々にして，当の部門長としては，信頼を寄せてくれるお客様や，経営を付託された株主を裏切る行為であるという意識は毛頭ないから，かえってたちが悪い。

　こうして，一生懸命働いているつもりでも，自らのセクショナリズムの姿勢そのものが企業の成長の足かせとなっている事例は，少なくない。

　事なかれ主義であれ，セクショナリズムであれ，会社の最善や利益に反することは明白である。常に全体最適を考え，For the Companyの視点で物事を考えることができるのが本来のリーダーであるが，実際には，その正反対の行動を取っている部門長が多い。

コラム

物を言わないメンタリティー

　事なかれ主義の最たる事例として，意見を言おうとしない態度が挙げられる。これは，日本でよく見受けられる企業風土として，上級幹部になればなるほど，そのような傾向が顕著になる場合がある。

　「意見を言う」ということは，特定のポジションを取るということである。何を言っているかわからない意見は別として，ある程度明確に一定の立場を表明する意見に対しては，必ず反対意見がつきものである。

　つまり，それによって，「敵」ができるおそれを伴うことになるわけである。敵を作らないことが，その上のポジションを狙う身として一番大事ということになれば，自らの身を守るために「意見を言わない」という態度が横行することになる。それが企業にとって何の付加価値も生まないどころか，上級幹部が必要な意見も言わないというのは，任務懈怠にほかならない。

■「沈黙は金」か？

　こうした態度が許容されるのは，「沈黙は金」といったことわざまである日本のような社会に特有のことではないだろうか。アメリカに留学した当初の頃に，クラスメートとのフリーディスカッションで，そう実感したことがある。

　「他人の意見に耳を傾ける」という，いわゆる傾聴の姿勢で臨んでいたつもりが，他人の発言が終わらないうちに次の発言を続ける10人程度のグループの中で，筆者は一人だけ何も発言しない状態に陥っていた。10数分が経過して，ふとした瞬間に一斉に他のクラスメートがこちらを見て，「Toshiはなぜ発言しないのか」と詰め寄られたことがある。

　こちらからしてみれば，発言しようにも，他人の発言に割り込んで話すくらいでないと，次々に発言が畳みかけられて，議論に入る余地もなかったというのが正直な実感なのだが，それを「奥ゆかしい」態度などという評価は全く存在しないわけだ。

■「意見を言う」ことが価値提供の第一歩

　それどころか，「みんなの意見から自分ばかり学び取って，自分からは何も提供しない」という厳しい批判を浴びた。これには驚いた。正直，その場のディスカッションで特に参考になるような意見が出ていたとは思わないが，「意見を言う」ことが，まずは価値提供の第一歩という感覚なのである。

　その場のメンバーは，アメリカ人ばかりではなかったから，ある意味，それがグローバルな価値観と言ってもいいのであろう。「沈黙は金」どころか，いわば沈黙していることは，盗みをはたらいていることと同じ卑怯な態度というわけである。

■文化の違いを超えて重要視されること

　確かに，共通の文化・言語に支えられる以心伝心の単一民族社会でもなければ，メッセージを発しない限り，その人間が何を考えているかは，全くわからないわけであるから，「意見を言う」ことが，ビジネスにおけるスタートという考え方にもうなずける。グローバル競争で勝ち抜くためには，「沈黙は金」などという発想は，捨てた方がよい。

　もちろん，ただ意見を言えばいいというわけではない。上級幹部であればなおさら，付加価値のある意見を言うことが重要である。そうした意見の応酬でディスカッションが活発になり，それが適切かつ迅速な経営判断をサポートする材料につながることが本来の姿である。

■誤ったリーダーシップの類型③：誤ったメッセージ

　意図するとせざるとにかかわらず，経営陣が社員に対して，誤ったメッセージを発することは多い。社員は，経営陣が考えるほど以心伝心では意図を汲みとってくれないので，よほど注意して，メッセージを推敲しないと，思わぬ方向に組織をリードしてしまうことがある。

　たとえば，社員の健康を守ることを目的に労務管理を徹底したいと経営陣が考えたとしよう。これを，単純に「残業の削減」という手段にフォーカスしてメッセージを発信した場合，往々にして社員は，（残業代削減が目的と捉えて）「コストカット」のメッセージと受け止めることがある。

　そうなると，社員の健康に配慮して残業を削減するどころか，逆に正しい勤怠管理をせずにサービス残業を増やしてしまうような，全く意図せざる結果を生んでしまう可能性がある。

　これを防ぐためには，「社員の健康を守る」という目的を，メッセージで繰り返し発信する。その上で，異常残業やサービス残業を許さない経営姿勢を打ち出し，それらを解決するための改善策を出すように現場をリードするのが正しい順序と進め方である。

　改善策としては，たとえば，業務に無駄がないかを再考させる，適正人員を再検討して，不足する人員を確保する，といったことが考えられる。

　こうしたメッセージを，経営陣がハンズオンで丁寧に現場に発信していけば，受け手である社員の誤解は，相当程度防げるはずである。逆に言えば，経営陣の仕事としては，ここまで丁寧なコミュニケーションが求められるのである。

■誤ったリーダーシップの類型④：マネジメント・オーバーライド

　経営陣たる者，大手を振って「コンプライアンス違反」を標ぼうすることは，まずあり得ない。しかし，内心では，コンプライアンスは「コスト」であるとか，「恵まれた大企業のみが取り組めばいい贅沢」などと考えているケースもないとは言えない。

　こういう経営陣のもとでは，いくら表面的に，法制度上要求される体制整備

がなされていたとしても，実効性を伴わない。経営陣自らがそれを守ろうとする意図がないわけであるから，社員にいくらコンプライアンスを求めたところで，土台無理な話である。

　それどころか，社内で規定されたことを経営陣自らが遵守しないケースすら出てくる。その理由は，「経営陣（である自分）は特別だから」，「経営陣は例外だから」などというものが想定される。これこそが，内部統制システムを経営陣自らが台無しにする「マネジメント・オーバーライド」である。利益至上主義の下，会計不正を部下に指示する経営陣などは，その典型である。

■誤ったリーダーシップの類型⑤：内部統制への無関心

　前述したマネジメント・オーバーライドにも通じるが，内部統制システム自体を「必要悪」だと考えている経営陣もいる。内部統制システムに無関心である経営者は，さらに多い。

　試しに，内部統制システムについて，端的にわかりやすく説明できる経営陣がどれだけいるのか確認してみるとよい。内部統制システムの「6つの要素」どころか，J-SOXとは何か，三様監査とは何か，3ライン・ディフェンスモデルとは何かといったことについても，ほとんど的確に説明できないケースも想定される。これでは，内部統制システムの構築，整備，運用はおぼつかない。

■誤ったリーダーシップの類型⑥：責任感の拡散

　コーポレート・ガバナンスに詳しい読者であれば経験があると思うが，業務執行に関する機関決定を，取締役会から経営委員会，さらには専門領域ごとの各種委員会に権限移譲する場合がある。意思決定の実効性や迅速化を考慮した機関設計であるわけだが，それらの委員選定には留意する必要がある。

　次世代経営陣のタレント・プールを意識したサクセッションプランとの関連はもとより，人数を意識的に絞ることも一考に値する。なぜなら，人数が多くなるにつれて，委員会における決議に対する責任感が薄くなる，いわば「責任感の拡散」が生じやすくなるからである。

コラム

クオリティ・アシュアランス

　ビジネススクールにおける授業の1コマ，「オペレーションマネジメント」（生産管理）の実験で，まさに「責任感の拡散」について体験したことがある。

■実験の内容

　工場の生産ラインを想定し，チーム内で役割分担をして，一定時間内に有効な模擬製品（電子回路）の生産数をチーム間で競うものである。筆者は，生産ラインで生産に従事することになった。チームの製品を出荷する前の検品（クオリティ・アシュアランス）担当には，テクノロジーにも詳しくて頼りがいのあるクラスメート，ジュールがアサインされた。

　実際に，ストップウォッチで時間が計られる中，いざ生産に従事してみると，思うように生産は進まない。このペースでは到底目標生産数に追いつかないという焦りから，「最後はクオリティ・アシュアランスのジュールが何とかしてくれる」という勝手な期待のもとに，筆者は精度の高くない製品をどんどん後工程に送った。

　「みんなで渡れば」ではないが，一つひとつの決議事項について，個々の委員が責任を持って判断する意識が薄れると，委員会としての決議の質が低下し，看過すべきでない点が容易に見落とされるような事態もないとは言えない。それが現実化したときに，不祥事が起きたり，後から振り返ってみれば，なぜそのようなずさんな経営判断をしてしまったのかと悔やまれることになったりするわけである。

■実験の結果

　結果は，惨憺たるものだった。数を優先して，精度の高くない製品を次々にクオリティ・アシュアランスに送ったために，クオリティ・アシュアランスの工程が間に合わなくなった。結果として，スペックに見合う完成品数が少なく，チームは敗れた。

　そもそもクオリティ・アシュアランスは，完成品の品質を満たしているはずの製品をダブルチェックする役割分担であった。それが，本来であれば生産ラインでやるべき電子回路の修理までやらなければならなくなったのだから，たまったものではない。

■実験の教訓

　クラスルームに戻って，要因分析をもとにディスカッションした際，自らの上記心境について説明をした。「ジュールが何とかしてくれると思った。」

　この発言は，クラスメートに大変受けたが，教授からは「失敗から学ぶ事例」として，実際の現場でも類似のことが発生する可能性が示唆された。

　これが実際社会であれば，「自分がやらなくても誰かがやってくれる」という意識（「責任感の拡散」）が，取り返しのつかない失敗につながるということである。筆者は，実験を通じて，そのことを身をもって体験し，深く反省した次第である。

◆序章結　インテグリティの欠如，MBA的視点とリーガルマインドの欠如

　MBAに関する書籍は数多ある。読者は，それらの多くをすでに手に取っているのではないだろうか。一方で，「リーダーシップ」の書籍一つとっても，どれから手をつけてよいかわからず，または，とりあえず何冊か読んでみたものの，どう応用すべきか糸口が見えない，といった感想を持たれているかもしれない。

　本書では，企業不祥事という危機的状況における文脈においても，あらゆるリーダーシップ・スキルおよびマネジメント・スキルを実践的に統合して，どのような価値基準で，どう判断し，何をしたらよいか，に関する道筋を示すことを試みている。そこには，理論的な裏付けもさることながら，数々の事例から学ぶアプローチをふんだんに取り入れている。たとえば，インテグリティやMBA的視点の欠如は，特に「有事」における経営陣の対応の巧拙に大きく影響する。

　このほか，経営陣にとって，MBA的視点と並んで重要なものが「リーガルマインド」である。法科大学院が日本に定着する以前において，大学の法学部教育は，必ずしも法曹養成のみを目的としたものではなかった。

　たとえば，1990年代前半の東京大学法学部においては，キャリアの志向が法曹であれ，国家公務員であれ，企業人であれ，「リーガルマインド」と呼ばれる考え方をしっかりと習得して卒業するように，あらゆる法律科目の講義の中で，基本となる考え方を叩き込まれた。

　「リーガルマインド」の本質は次のように考えられる。多数当事者の利害の適切な比較衡量と，論理的思考に裏付けられる説得力である。「リーガルマインド」の欠如は，感覚のみに依存した経営判断につながり，適切な方向性を指し示すべきリーダーの資質にも悪影響を及ぼすことになる。本書では，数々の事例を通して，「リーガルマインド」の涵養に資することも試みることとしたい。

　本書では，企業不祥事は①そもそもリーダーのメッセージに誤りがあったりリーダーに不作為があったりするパターン，リーダーはメッセージを発信して

いるが，②「ガバナンスの欠如」と③「不健全な企業風土」を改善しないまま発信した結果，誤った形で受け止められるパターンのいずれかの顕在化事例であるというスタンスを採っている。その上で，誤ったリーダーシップの類型についてもいくつか紹介してきた。これを踏まえ，第1編の第1章から第5章では実際に起きた企業不祥事を取り扱い，リーダーシップと根本原因（ルートコーズ）や再発防止策との関係性を見ていきたい。

　また第6章では，従来からメジャーな企業不祥事と新たな企業不祥事の間に位置する，近年にメジャーとなった情報管理に関する企業不祥事を紹介し，第7章では新たな企業不祥事への備えについても紹介する。これらの章では，企業不祥事の類型について学ぶだけでなく，近年，会社が対応すべきリスクは劇的に拡大しており，かつ専門化しているという流れを感じてほしい。

第 **1** 編

不祥事の原因となる，
誤ったリーダーシップ

─────────── 第**1**章 ───────────

会計不正編
（原因と解決策の提示①）
ホシザキ

第1項　事案の概要

1　ホシザキグループにおける「貸し借り」と称した 原価付替え等のまん延

(1)　監理銘柄（調査中）への指定，上場廃止のおそれ

　ホシザキ株式会社[1]（東証1部，名証1部。以下「ホシザキ本体」という）は，2018年11月1日に連結子会社であるホシザキ東海株式会社（ホシザキ東海）の不適切な取引行為の調査のため社内調査委員会を設置し，同年12月6日に調査結果を公表した。

　しかし，監査法人の監査の結果，ホシザキ東海において他にも不適切な取引行為が継続していたとの通報がなされ，四半期報告書を期限までに提出できない見込みとなった。

　これによりホシザキ本体は2018年12月14日に東証および名証から監理銘柄（調査中）に指定され，同月27日までに四半期報告書を提出できなかった場合

1　製氷機，冷蔵庫，食器洗浄機をはじめとする各種フードサービス機器の研究開発および製造販売を主な事業とする。当時の市場区分は東証1部，名証1部。

には上場廃止になるところまで追い込まれた。

(2)　徹底した調査のための第三者委員会の設置

　結局，ホシザキ本体は2018年12月27日に四半期報告書を提出して上場廃止は免れた。そして，徹底した事実調査を行うために，2019年2月25日に今度は社外有識者のみを委員とする第三者委員会を設置した。

　第三者委員会による報告書（本報告書）は同年5月7日に公表され，ホシザキ東海のみならずホシザキグループの国内の全販売子会社（販社）において様々な不適切な行為が行われたことが発覚した。

　本章では本報告書をもとに，ホシザキグループの各販社における本件不適切行為について紹介するだけでなく，そのルートコーズとリーダーシップの関係性を見ていきたい。

(3)　全国各地の販社で行われていた不適切な取引

　ホシザキグループでは当時，15の販社が存在し，15のうちほとんど販社ではホシザキ本体の取締役が取締役を兼務していた。

　第三者委員会の調査結果では，これら販社のうち，主に東海，北海道，北関東，阪神，中国の5社において，これらの不適切な取引が行われていたと認定されている（必ずしもこれら5社のいずれにおいても下記4つの類型すべてが行われていたことを意味しない）。

　ア　貸し借り

　　「貸し借り」とは，商品の設置の際に想定外の追加費用（設置費用，板金費用，電気・ガス・水道工事費用等）が発生した場合に，営業担当者が，その追加費用を協力業者に負担させることで借りを作り，他案件の費用の中から，当該協力業者に対する架空・水増し発注を行うことによって借りを返済するというものである。

　　このような行為は売上および原価の計上を誤らせるものである。

　イ　架空発注またはその疑いのある取引

　　　協力業者からの仕入れが架空であったまたはその疑いのある取引であり，
　　上記の「貸し借り」における「借り」の返済のために行われたものである
　　可能性がある。
　ウ　架空販売
　　　製品の架空販売により売上を計上するものである。
　エ　売上の先行計上
　　　売上を本来計上すべき時期より早く計上するものであり，売上の計上時
　　期が四半期単位でずれた場合には財務諸表上の影響も生じることになる。

⑷　大きく下落した株価

　ホシザキ本体の株価（終値）は，社内調査委員会を設置する旨公表した日の
前日である2018年10月29日には10,280円だったが，社内調査委員会の調査結果
の公表翌日である同年12月7日には9,030円となり，監理銘柄（調査中）に指
定された日の翌取引日である同月17日には6,340円まで下落した。そして，第
三者委員会の調査結果の公表翌日である同年5月8日には7,230円となり，そ
れからもしばらく7,000円台〜8,000円台前半にとどまった。

　第三者委員会による調査結果に基づく影響額は3,200万円程度にとどまって
おり，ホシザキグループの経常利益（連結ベースで年額数百億円）からすれば，
業績への影響は小さかった。

　しかし，業績への影響は小さくても，ホシザキグループの内部統制・企業風
土に問題があったこと，これにより監理銘柄に指定され上場廃止の危機に陥っ
たことは，株価の大きな下落をもたらしたと言えよう。

2　ルートコーズ

　本報告書は，本件不適切行為を引き起こした直接的な原因として，以下の7
つが挙げられている。
　①　販社内における目標達成プレッシャーの増幅が招いた不正行為のまん延
　②　取締役の過剰な兼務と販社間の競争促進

③　販社管理部門の脆弱化

④　経営人材育成の不奏功

⑤　グループ内部統制の脆弱さ

⑥　不正行為の組織的要因に踏み込まない対症療法的な行動パターン

⑦　今回の危機管理における問題点

このうち，今回は特に①②③⑤⑥⑦を中心に取り上げたい。

まず本報告書では，①貸し借り等が発生した各販社について，粗利率の目標達成プレッシャーと本件不適切行為の発生の間に関係がある旨言及している。

また，②ホシザキ本体の取締役2名が兼務の形で販社のほとんどの取締役を務め，ホシザキ本体の毎月の取締役会に報告される月次業績進捗を示す資料上，売上・営業利益・経常利益はホシザキ北海道からホシザキ沖縄まで地域順に並べるのに対し，粗利率は1位から15位までが成績順に並べる等，15の販社間の競争が促進されて目標達成プレッシャーとなっていた旨指摘している。

一方，③⑤のとおり，これら販社においては管理部門が脆弱で営業部門に対して健全な牽制を効かせることができず，販社においては上場会社であるホシザキ本体の連結子会社であるにもかかわらず健全な財務報告リテラシーが備わっていなかった旨指摘されている[2]。

さらに⑥企業不祥事の調査では，不正行為の原因を徹底的に探究してルートコースを浮かび上がらせる，ということが重要であるが，本報告書は「ホシザキグループでは，不正行為の背景にある組織的要因に踏み込んで原因を究明するという意識が薄く，不正行為は単に個人の問題であるとして，その『個人的要因』を特定して行為者を処分して終わるという，処分を終点にした対症療法的な行動パターンが見てとれる。」と断じている。

2　ホシザキグループでは，上場会社であるホシザキ本体が製造した製品を連結子会社である販社が外部に販売して初めて連結の売上利益が計上されるのであるから，売上と売上原価の適正な計上は，販社でこそ徹底される必要がある。しかし，本報告書では「不正行為を行った営業担当者にしてみれば，協力業者との貸し借り等が売上原価の簿外化として不正会計であると指弾され，ホシザキが決算発表できなくなる事態を招くことなど，想像すらできなかったはずである。」と指摘しているほどである。

　また，⑦2018年に判明したホシザキ東海における不適切な取引については，(i)他の14販社，そして親会社であるホシザキ本体の国内営業部門やグループ管理部門にまで及ぶことが想定されるものであったにもかかわらず，社内調査委員会の調査は，ホシザキ東海のエリア営業部を調査対象とするものにとどまった，(ii)調査対象となるべきグループ管理部担当取締役が調査委員に入るものであった，(iii)真の原因に踏み込むことなく，ホシザキ東海の当時の代表取締役社長と取締役管理部長が解任され，社員の懲戒解雇等の処分が行われた，という問題点が指摘されている。

第2項　ルートコーズとリーダーシップ

　以上がルートコーズを含む事案の概要であるが，次にこれらをリーダーシップとの関係で整理したい。

　ルートコーズのうち①②の粗利率に重点を置いた販社間の競争はリーダーがもたらしたものであり，経営層のリーダーシップの行使の結果が，現場におけるルートコーズと直接結びついている。

　そして①②のような環境下において，③⑤のように管理部門が脆弱であり，なおかつ販社の個々の従業員の財務報告リテラシーが低ければ，経営層が設定した粗利率ベースの販社間の競争に勝つために本件不適切行為のような行為が行われるリスクは当然高くなる。

　このようにして見ると，ホシザキグループにおける本件不適切行為は，ホシザキ本体の経営層がこれを指示したり黙認したりしていなかったとしても，いわば「起こるべくして起きた」事例という余地さえあろう。

　また，⑥⑦は企業不祥事発覚後の適切な調査体制の構築や調査スコープの設定，ルートコーズの探求，といった問題と関係しており，リーダーが「狭いスコープで表層的な調査だけで乗り切りたい」という誘惑に駆られ安易にその誘惑に乗ってしまえば，本報告書でなされたように，後から厳しい指摘がなされ

ることになる。

第3項　再発防止とリーダーシップ・企業風土

1　再発防止策の内容

　第三者委員会は，①大幅な人事刷新と営業の基本動作の徹底，②次代を担う経営人材の育成，③「競争から協働へ」という経営方針の転換，④２軸を意識したグループ内部統制の強化，⑤不正行為の組織的要因に踏み込む再発防止策の推進，という５つの再発防止策を挙げている。

2　再発防止策と不健全な企業風土

　このうち特に着目すべきは①に関する記載である。第三者委員会は「ホシザキ東海のエリア営業部で蔓延していた不正行為の原因の一つは，数十年前から醸成されてきた特異な組織風土である。」「これを一掃するのは容易なことではないが，まずは大幅な人事刷新が不可欠である。」「過度な目標達成プレッシャーの下で不正行為に追い込まれてきたホシザキ東海のエリア営業部の営業担当者にとっては，他の営業部や他の販社に異動して異なる組織風土に触れ，正攻法の営業スキルを持った上長の下で営業活動を実践することが，即効性の高いリハビリテーションになる。」と指摘している。

　不健全な企業風土の下で業務に従事していた社員に，正しい企業風土を体験させて正しい業務を行えるようにする，というのは，企業不祥事を契機とする再発防止，ひいては企業風土の改革に非常に重要であり，第三者委員会もそのことを的確に指摘したものと言えよう。

3 再発防止策としての，リーダーの会計リテラシー

　第三者委員会が再発防止策として掲げてはいないが，そもそもリーダーに会計リテラシーがなければ，個々の類型の会計不正をリスクとして認識し，これを防止できるはずもない。

　図表1-1-1は，分類（財務諸表への影響），手口，目的別に会計不正の類型を紹介するものであるが，会計不正はどのような会社においても起こり得るし，（会計不正自体を意図せず，たとえば保身や出世，見栄が目的だろうとも）一般社員から社長に至るまでどの階層においても会計不正の誘惑は存在する。

　リーダーとしては，個々の類型の会計不正にだけ着目したり，「うちではこれは起こらない」と他人事にしたりせず，自社においてどの会計不正も起こり

【図表1-1-1】　会計不正とは―その類型

　多くの不正会計は，企業の財政状態や経営成績を良く見せるために「1.粉飾」が行われるが，「2.逆粉飾」やその他の「3.不適切な情報開示」が行われることがある。

分類	手口	目的
1.粉飾 (利益・資産を過大計上)	①架空売上計上 ②売上先行計上 ③負債・費用の隠ぺい ④不適正な資産・負債評価 ⑤連結外し　等	・資金調達（資本市場・金融機関） ・取引先の信用維持 ・経営者の自己保身 ・株価つり上げ ・上場廃止逃れ
2.逆粉飾 (損失・負債を過大計上)	①売上遅延計上 ②架空費用計上 ③収益・資産の隠ぺい ④不適正な資産・負債評価	・納税回避（特に中小企業） ・利益の平準化 ・V字回復の演出 ・横領等
3.その他 (不適切な情報開示)	①注記事項の操作 　✓継続企業(ゴーイング・コンサーン) 　✓保証債務，偶発債務 　✓関連当事者との取引　等 ②財務諸表以外の操作 　✓事業内容 　✓株式の情報 　✓役員・従業員の状況　等	「1.粉飾」「2.逆粉飾」と同様の目的やそれらとの整合性確保の他，不適切取引の隠ぺい目的等により操作される。

得ることを前提に内部統制や企業風土を点検する必要がある。

第4項　ホシザキグループにおける企業不祥事から学ぶ
リーダーシップ

　粗利率に重点を置くことも，販社間を競争させることも，それ自体が誤ったメッセージと断じることはできない。実際，ホシザキグループの過去10年ほどの売上と利益の推移を見れば，売上も利益も上げられる組織として強くなっていったことが窺われる。

　しかし，ホシザキグループにおいて，そうした強いメッセージを発した場合に，それを正しい形で受け止められる健全な企業風土が現場に備わっていたか，現場に備わっているか否かを注意深く検討したか。

　会社自体は成長しているのに，企業不祥事の影響額自体は小さいのに，上場廃止の危機にまで陥ったこの事例を，一つの会計不正事例ではなく，リーダーの強いメッセージと不健全な企業風土の現場のマイナスの化学反応の象徴的事例として捉えていく必要があろう。

──────────── 第**2**章 ────────────

品質偽装編
（原因と解決策の提示②）
神戸製鋼所

第1項　事案の概要

1　神戸製鋼所および神戸製鋼所グループにおける検査結果の改ざん・ねつ造等

(1)　グループ全体を対象とした自主点検の実施と不適切行為の発覚・公表

　株式会社神戸製鋼所[3]では，2016年6月に鉄鋼事業部門で発生した神戸鋼線ステンレス株式会社（神戸製鋼所の持分法適用関連会社である神戸鋼線工業株式会社の完全子会社）におけるJIS法違反事案を契機として，神戸製鋼所のみならず，神戸製鋼所グループ全体の出荷実績に対する品質自主点検を実施することにした。

　この品質自主点検により，神戸製鋼所のアルミ・銅事業部門において，2017年8月末，公的規格または顧客仕様を満たさない製品等につき，検査結果の改ざんまたはねつ造等を行うことにより，これらを満たすものとして顧客に出荷または提供する行為（本件不適切行為）が行われていたことが発覚した。これ

3　鉄鋼事業を主な事業とし，線材や輸送機用アルミ材，スクリュ式非汎用圧縮機の製造販売，電力卸供給事業等も手掛ける。当時の市場区分では東証1部，名証1部。

を受けて，神戸製鋼所は，本件不適切行為のなされた製品の出荷を即時停止するとともに，外部法律事務所を起用した社内調査を実施した上，同年10月8日以降，自ら対外公表を行った。

(2)　複数の事業所での不適切行為の発覚，調査妨害を理由とした外部調査委員会の設立

　神戸製鋼所グループにおける品質自主点検の過程では，複数の事業所において本件不適切行為が行われていたことが確認された。また，一部の事業所では自主点検に対する妨害行為も確認された。このことから，神戸製鋼所は同年10月26日，外部調査委員会を設立し，以後の調査は外部調査委員会が行うこととなった。

　以上が外部調査委員会の設置の経緯であるが，神戸製鋼所は，外部調査委員会の調査結果を受け，コンプライアンス委員会，品質ガバナンス再構築検討委員会および品質問題調査委員会における検討結果と併せて，本件不適切行為に係る事実関係，原因分析および再発防止策等を「当社グループにおける不適切行為に関する報告書」（本報告書）として取り上げた。本章では本報告書をもとに，神戸製鋼所グループにおける本件不適切行為について紹介するが，読者におかれては第1章のホシザキグループの事例を意識しながら読んでいただきたい。

(3)　調査結果の概要

　神戸製鋼所グループでは当時，製品の製造または検査その他サービスを提供している拠点が国内外合計100拠点存在していたが，本報告書では，このうち国内12拠点（品質自主点検により不適切行為が発覚した神戸製鋼所のアルミ・銅事業部門のみでなく，その他の事業部門や，神戸製鋼所グループも含む）において，本件不適切行為が行われていた旨認定されている。

⑷　大きく下落した株価

　神戸製鋼所の株価（終値）は本件不適切行為発覚前の2017年10月6日には1368円であったが，翌取引日である同月10日には1068円となり，300円下落した。そして，主力事業の鉄鋼部門で本件不適切行為が発覚した同月13日には805円まで下落した。

　外部調査委員会の設立が公表された翌取引日である2017年10月27日には900円まで回復し，また，「当社グループにおける不適切行為に係る原因究明と再発防止策に関する報告書」を公表した日（同年11月10日）の翌取引日である同月13日には1088円となったが，一時的にでも投資家からの信用を失い大幅な株価下落を引き起こしたことは否定できないだろう。

2　ルートコーズ

　本報告書では，本件不適切行為を引き起こした直接的な原因として，以下の3つが挙げられている。
- 工程能力に見合わない顧客仕様に基づいて製品を受注・製造していたこと
- 検査結果等の改ざんやねつ造が容易にできる環境であったこと
- 各拠点に所属する従業員の品質コンプライアンス意識が鈍麻していたこと

さらに，その背景にある根本的な原因として，以下の3つが挙げられている。
① 　収益偏重の経営と不十分な組織体制
② 　バランスを欠いた工場運営と社員の品質コンプライアンス意識の低下
③ 　本件不適切行為を容易にする不十分な品質管理手続

⑴　収益偏重の経営と不十分な組織体制

　神戸製鋼所は，長年にわたり，厳しい経営環境の中，徹底したコストの削減と生産拡大を経営目標としていた。その上で，各カンパニー・事業部門に本社の権限を委譲し，自律的運営を促すことにより，収益の明確化や意思決定の効率化を図るという狙いから，カンパニー制・それに続く事業部門制を導入していた。それにより各事業部門は，上記の経営目標に従って，収益力の拡大を狙

い，各拠点もこれに従って利益目標を高く設定したため，工程能力を十分に検証することなく受注するといった生産至上主義が根付くこととなった。

また，事業部門制は本社による統制力の低下を生み，拠点において収益が上がっている限りは，事業部門の活動に介入せず，各拠点の現場の「生の声」を吸い上げられない閉鎖的な組織風土を生むこととなった。さらに，経営陣の品質コンプライアンス意識の不足，各事業部門における監査が十分に行き届かず各拠点における品質保証体制の整備・運用を当該拠点に任せることにより，本件不適切行為が長年継続し神戸製鋼所グループ全体に波及する要因となった。

加えて，品質コンプライアンスを担当する役員や部署の不存在，品質監査の不存在，品質コンプライアンス教育・研修の不備，社員とのコミュニケーションツールの不備といった本社による品質コンプライアンス体制の不備も重要な要因となった。

(2) バランスを欠いた工場運営と社員の品質コンプライアンス意識の低下

本報告書では，「生産能力の実力を超えた受注が増加する一方で……収益向上を目指した設備稼働率や，顧客満足度を高めるための納期改善の取組み等も同時に行われた結果，各拠点は，目標とする生産量や販売量が維持できないというジレンマに陥っており，これが本件不適切行為が行われる強い動機となったと考えられる」との指摘がなされている。

また，本報告書では，生産至上主義に基づく受注の成功と納期の達成を至上命題とする生産・納期優先の風土，事業部門や拠点を横断した人事交流や人事異動がほとんど存在しなかったことによる上司の部下の監督機能の麻痺，多くの拠点における社員の品質コンプライアンス意識の著しい鈍麻，本件不適切行為が繰り返される中で社員の品質コンプライアンス意識が一層低下していったことも，本件不適切行為の要因として挙げられている。

(3) 本件不適切行為を容易にする不十分な品質管理手続

本報告書では，「検査が行われてからミルシート[4]等が発行されるまでの工程

において……本件不適切行為に対する有効な牽制が全くなされていない状況に
あった」と指摘されている。また，「ダブルチェック等を行う業務フローは存
在せず，かつ人事ローテーションも行われないまま長期間同じ業務に従事して
いた事案が散見された」ことや，「一部の社内基準については，およそ遵守す
ることが困難な基準が設定されており，社内基準を満たさないことが常態化し
ていた」ことも指摘されている。

第2項　ルートコーズとリーダーシップ

　以上がルートコーズを含む事案の概要であるが，次にこれらをリーダーシッ
プとの関係で整理したい。
　まずルートコーズは
　①　収益偏重の経営と不十分な組織体制
　②　バランスを欠いた工場運営と社員の品質コンプライアンス意識の低下
　③　本件不適切行為を容易にする不十分な品質管理手続
といったものであるが，これら①②③の中にも関連性を見出すことができる。
リーダーであろうとするものは①②③を並列的に見るのではなく，関連性を見
出した上でリーダーシップの問題に還元することが重要である。
　たとえば①②の関係でいえば，①の結果として生産至上主義が根付いたこと
が，②のバランスを欠いた工場運営等の原因として指摘されている。コストの
削減と生産拡大という経営目標の設定と事業部門制を導入という，経営層の
リーダーシップの行使の結果が，現場におけるルートコーズと結びついている
のである。
　もちろん上記のような経営目標を掲げた上で事業部門制を導入すれば必ず生
産至上主義が根付くとまではいえないし，必ず閉鎖的な企業風土となるとはい

4　鋼材メーカーが発行する鋼材の品質を証明する書類。日本語では「鋼材検査証明書」と
いう。

えない。

　しかし，高い目標を掲げればその分，現場に負荷がかかる可能性があるのは当然であり，リーダーはどのように負荷が生じてどのような問題に発展し得るか，気を配らないといけない。このことは，自動車のアクセルを強く踏んだ場合や調理で火力を強くした場合に一層の注意が必要なことを考えれば当然のことである。

【図表１−２−１】　株価の推移（神戸製鋼所検査データ改ざん事件）

2016年5月〜2018年5月

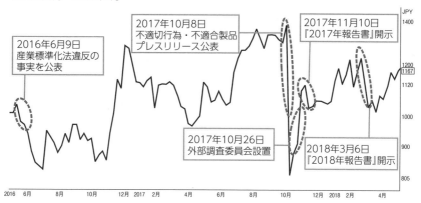

2016年1月〜2022年6月

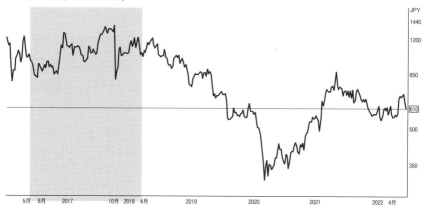

　しかし，神戸製鋼所においては，③不十分な品質管理手続，すなわち品質コンプライアンス担当役員や部署の不存在，品質監査の不存在，品質コンプライアンス教育・研修の不備，社員とのコミュニケーションツールの不備が指摘されており，自動車のアクセルを強く踏んだ場合や調理で火力を強くした場合のような注意が足りなかった事案と見る余地もあろう。

第3項　再発防止とリーダーシップ・企業風土

1　再発防止策の内容

　神戸製鋼所は，外部調査委員会，品質ガバナンス再構築検討委員会および品質問題調査委員会の提言をとりまとめて，①品質ガバナンス体制の構築，②品質マネジメントの徹底，③品質管理プロセスの強化を再発防止策として掲げ，本件不適切行為が多く確認されたアルミ・銅事業部門については，特に再発防止策の実行計画の概要を掲げた。

2　再発防止策と不健全な企業風土

　短期間の間に企業風土を変えるためには，リーダーによる強いメッセージが必要である。神戸製鋼所では①品質ガバナンス体制の構築のために「KOBELCOの6つの誓い」の見直し，「Next100プロジェクト」の活動促進，「KOBELCOの約束月間」の設置を行っているが，これはリーダーが先頭に立ち，企業風土そのものを改革するための試みである[5]。

5　「Next100プロジェクト」については「グループ企業理念の浸透及び品質不適切行為の風化防止（教訓の承継）を軸とした当プロジェクトの活動が，全社員から『認知』『共感』された上で，一人ひとりが『関与・実践』し，その行動が当たり前の組織文化として定着することをゴールとしています。」とされている。

3　再発防止策の実行とモニタリング

　神戸製鋼所の掲げた再発防止策は品質ガバナンス，品質マネジメント，品質管理プロセスの3つで構成されているが，言葉を選ばずに言えば，リーダーがこれら3つにいて号令だけかけて後は事務局任せ，現場任せにしても，再発防止策の個々の施策は実行できるだろう。

　しかし，再発防止策の実行状況を見て，場合によっては軌道修正を図るのもリーダーの役目である。

　神戸製鋼所では，再発防止策で挙げたそれぞれの施策を着実に実行していくために，社長をリーダーとする「信頼回復プロジェクト」を2018年4月に立ち上げ，再発防止策の実行部隊として各分科会およびタスクフォースを組成する等しているが，これは再発防止策の実行とモニタリングにリーダーが関与する一つの例と言えよう。

第4項　品質不正事案から学ぶ，不正のトライアングルとリーダーシップ

　企業不祥事について動機・機会・正当化から分析するアプローチ（不正のトライアングル）は，会計監査においても調査実務においても一般的なものになっている。

　品質不正事案においては①動機（検査不合格に伴う損失・納期遅延のリスク），②機会（品質に関する専門性），③正当化（厳しく，かつ時に法令に基づかず契約に基づくだけのこともある基準をクリアせずとも実質的に問題なしとする開き直り），といった原因が見出されることが多い。

　リーダーが日々リーダーシップを行使する際には，不正のトライアングルのアプローチを思い出し，自らのメッセージが企業不祥事の動機や正当化を増幅しないか等注意する必要があろう。

　特に神戸製鋼所の事案においては組織体制の変更とその歪みがルートコース
に挙げられているところ，組織体制の変更がどのように企業風土を歪める可能
性があるか，といった視点は企業不祥事の予防のみならず，経営の最大効率化
という観点からも重要になってくる。

【図表1−2−2】　データ改ざんと不正のトライアングルへの当てはめ

品質検査データ改ざん事例の特徴

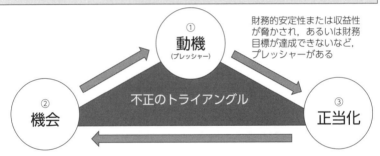

・不正の動機　　：収益・効率重視のプレッシャー，検査不合格に伴う損失
・不正の機会　　：品質保証部門の専門性・技術性（顧客による発見は困難）
・不正の正当化：「安全性に支障なし」・「法令違反なし」

①
動機
（プレッシャー）

財務的安定性または収益性
が脅かされ，あるいは財務
目標が達成できないなど，
プレッシャーがある

不正のトライアングル

②
機会

③
正当化

監視が有効でなく，内部統
制に不備があるなど，不正
が可能な状態にある

自己の行為を自分で受
け入れるための正当化

（出所）「不正のトライアングル」がそろうと横領リスクは危険水準に達する（金融財政事情
　　　　2007.8.27）より要約・一部加筆
　　　　「企業グループガバナンスと子会社発の不祥事対策」（月刊監査役2018.02NO.678参照）

―――――――― 第**3**章 ――――――――

資格偽装編
（原因と解決策の提示③）
水道機工

第1項　事案の概要

1　水道機工における資格不正取得

⑴　**新聞社による指摘と調査委員会の設置，調査報告書の公表**

　水道機工株式会社[6]では，2020年3月4日，新聞社から，水道機工および株式会社水機テクノス（以下「テクノス」といい，水道機工と併せて「水道機工グループ」という）において，複数の従業員が1級土木施工管理技術検定試験（1級土木試験）の受験に必要な所定の実務経験を偽り，施工管理技士の資格を不正取得した可能性がある旨の指摘を受けた。

　そのため，水道機工は，同月10日，国土交通省に本事案を報告するとともに，社内調査委員会を設置し，水道機工グループにおいて，同委員会による社内調査を開始した。

　その後，同月16日，国土交通省から本事案について速やかに調査し，改めて報告するよう指示を受けたことを踏まえて，水道機工は同月27日に第三者委員

――――――――
6　浄水処理施設，下廃水処理施設の設計および施工など水処理施設の構築と運営を主たる事業とする。当時の市場区分では東証JASDAQ。

会を設置した。

　第三者委員会の調査報告書（本報告書）は2020年9月25日に公表され，水道機工グループでは，施行管理技士の技術検定試験における実務経験の不備のほか，監理技術者資格者証の申請に係る実務経験等の不備もあったことが判明した。

　本章では本報告書をもとに，技術検定試験および監理技術者資格者証の申請に関する実務経験の不備の疑いについて紹介するが，読者におかれては第2章の最後で紹介した「不正のトライアングル」も意識しながら読んでいただきたい。

(2) 元テクノス代表取締役・当時の水道機工監査等委員取締役による不適切な受験指導の発覚

　第三者委員会による調査の結果，水道機工グループでは，施工管理技士の技術検定試験に係る実務経験に不備のある役職員が技術検定試験を受験して合格していたこと，監理技術者資格証の申請に係る実務経験に不備のある役職員が資格証を取得していたことが判明した。

　しかも，水道機工のA氏（2012年6月から2015年6月までテクノスの代表取締役を務め，2020年3月同時には水道機工の監査等委員取締役を務めていた）が実地試験における経験記述対策として，受験者自らが経験していない工事の記載を推奨する受験指導を行っていたことも判明した。

2　ルートコーズ

　本報告書では，本件不適切行為の原因として，以下の6つに分けて分析がなされているが，このうち特に会社全体から見た不正のトライアングルの観点から，②③④の3つを紹介する。

　①　2007年頃より前の技術検定試験の不正受験の原因
　②　2007年頃以降の技術検定試験の不正受験の動機
　③　技術検定試験の不正受験を可能とした機会の存在

④　技術検定試験の不正受験を正当化した事情

⑤　A氏以外の経営陣が技術検定試験の不正受験を止めることができなかった経緯

⑥　監理技術者資格者証の交付申請における要件不備の原因

(1)　2007年頃以降の不正受験の動機

本報告書は，水道機工における技術検定試験の不正受験について，会社側の動機として「2007年以降，監理技術者を確保することが経営的な課題とされており，…監理技術者資格を比較的容易に取得できる手段として，1級土木試験の受験を推奨した」ことを指摘している。

また，従業員側の動機として，技術検定試験の合格と結びつけられた奨励金および業務資格手当の存在，管理職への昇格要件の存在，入社後一定の年数が経てば技術検定試験を受験しなければならないという雰囲気やプレッシャーがあったことを指摘している。

本報告書は，テクノスにおける不適切行為について，会社側の動機として，監理技術者が不足するかもしれないという危機感があったことのほか，大型案件の入札に参加できる権利を確保するための経営事項審査の評点を向上させる必要性（有資格者数は，評点を向上させる要素となっていた）があったことも指摘している。

また，従業員側の動機としては，水道機工と同様，奨励金および業務資格手当の存在，管理職への昇格要件の存在，受験しなければならないという同調圧力やプレッシャーがあったことを指摘している 。

(2)　不正受験を可能とした機会の存在

技術検定試験の受験者について，実務経験および指導監督的実務経験の要件を充足していることを証明する方法は「受験者が実務経験証明書を提出する」というものであった。

この実務経験証明書とは，受験者が実務経験および指導監督的実務経験の内

容等を記載し，勤務先の代表者等が署名または押印して作成されるものである
ことから，勤務先による確認体制が重要となる。

　しかし，水道機工グループにおいては，その確認に必要となる，役職員ごと
の工事経験等の把握体制が整備されていなかった。それどころか，水道機工グ
ループでは，実務経験証明書への押印が従業員によって勝手になされるなど，
社内において定められた押印手続が遵守されない状態に陥っていた。

(3)　不正受験を正当化した事情

　まず，受験資格に関していえば，水道機工グループ側の事情として，同業他
社も役職員の受験資格について確認せず受験資格に不備のある状態で受験させ
ているのではないかとの推測，実務経験の不備について指定試験機関には発覚
しないとの推測，合格者の増加により監理技術者数の確保という目的達成がで
きること，の3つが本件不適切行為の正当化事情となった可能性がある。

　また，従業員側の事情としては，社歴が一定年数に達したら当然受験すると
いう従業員間の雰囲気や同調圧力，プレッシャー（上からの過度な受験推奨）
の存在，従業員個々人の国家資格に対するコンプライアンス意識の低さ，受験
の手引が複雑なためその内容を正確に理解しないまま受験した者の存在，の3
つが本件不適切行為の正当化事情となった可能性がある。

　さらに，不適切な経験記述指導に関しては，これを是認するA氏側の事情と
して，従業員の文章力に対する懸念，指定試験機関には発覚しないとの推測，
たとえ経験していない工事の記述であっても市販参考書の丸写しよりはまし
であるとの考えの3つが挙げられている。

第2項　ルートコーズとリーダーシップ

1　リーダーがルートコーズを作出していないか，メッセージを誤って受け取られる原因を作っていないか

　以上がルートコーズを含む事案の概要であるが，次にこれらをリーダーシップとの関係で整理したい。

　まず，2007年頃以降の技術検定試験の不正受験の動機として，技術検定試験の合格と結びつけられた奨励金および業務資格手当の存在，管理職への昇格要件の存在といった会社の制度が挙げられている。

　また，水道機工グループにおいては，実務経験証明書の記載の確認に必要となる，役職員ごとの工事経験等の把握体制が整備されていなかったことが指摘されている。

　会社側として業務に必要な資格保有者を理由に，奨励金や資格手当，昇格要件等と結びつけることは珍しいことではないし，それ自体は悪ではない。しかし，資格取得に必要な実務経験の確認体制も整備せず，それどころか勝手に実務経験証明書に押印できる状態を放置していれば，不正受験が助長される一方である。

　それどころか，従業員の中には「技術検定試験の不正受験は会社側から事実上，必要悪として黙認されているのだ」と誤ったメッセージを感じ取る者もいるであろう。

　従業員に正しいメッセージを伝えるのは，まさにリーダーの役割であるが，従業員が正しくメッセージを受け取れない限り，リーダーの失敗である，とまでは言えない。従業員の受け取り方は人それぞれだからであり，そこまでリーダーに求めるのは酷であろう。

　しかし，「誤解されないメッセージ」であるよう常に注意しなければ，やはりリーダーとしては失敗である。メッセージが誤解・曲解されやすい企業風土

（たとえば人事制度やチェック体制等）を作り（または放置し），かつ従業員に正しいメッセージを受け取るための教育（コンプライアンス教育等）をしなかった結果，従業員が誤ったメッセージを受け取って不適切行為に及んだとすれば，それはまさしくリーダーの失敗と言わざるを得ないであろう。

2　リーダーから見た水道機工の事案の活かし方

　水道機工における不適切行為については，試験における記述対策として受験者自らが経験していない工事の記載を推奨していたものが2020年3月当時には水道機工の取締役監査等委員を務めていた，という点がセンセーショナルではあるし，調査の方針を決定する側である取締役会の中に，不祥事の原因となった人物がいるケースもある，ということの教訓にもなろう。

　しかし，このように従業員がリーダーから誤ったメッセージを受け取りやすい状況におかれていた事案と見る余地もあるし，リーダーとしては，そのような事案と捉え，自社で同じ轍を踏まないように自社の企業風土を見返す材料とすることも必要であろう。

第3項　再発防止策とリーダーシップ・企業風土

　第三者委員会は本報告書において，①適切な資格取得奨励と人材育成プランの検討，②受験資格または資格要件の有無を確認する社内体制の構築，③適切な印章管理，④適切な受験指導の実施，⑤チェック体制の構築，⑥内部監査部門の充実，⑦コンプライアンス部門の新設，適切なリスク情報の速やかな共有と判断，⑧内部通報制度の見直しおよび内部通報制度の周知の徹底，⑨役職員の人事ローテーションと人材育成，⑩コンプライアンス教育の徹底，という10の再発防止策を挙げている。

　このうち特に着目すべきは①である。第三者委員会は本報告書において，資格取得者に対する奨励金・業務資格手当の存在，昇格要件の創設などにより

「資格を取得してようやく1人前であるという文化が徐々に醸成されていった」,「所属部門等によっては,取得が困難となる資格の取得が,昇格要件や業務資格手当の対象となることなどと結びつくことにより,不正受験等の機会を生じさせていたものといえ,その制度の設計及び運用の仕方に問題があったことが本件の一因となっていた」と述べている。

そして,いわば誤ったメッセージにより誤った企業風土が醸成されていった経緯に触れた上で「所属部門や業務内容に応じて必要な資格を改めて見直した上で,資格取得を昇格の必須要件とすることの当否も含めて,各役職員の努力が報われ,かつ適正に評価がなされるような方式を検討すべきである。」と指摘している。

一度誤った企業風土が醸成されてしまい不適切行為が発生した場合,それを単に企業風土という一言で終わらせては次に進めない。それでは紐のどこが絡まっているかを調べないまま,無理やり紐を引っ張ってまっすぐな紐にしようとするのに等しい。

上記で述べたとおり,企業風土が醸成された経緯を分析し,制度や運用の問題に解きほぐした上で,それを一つ一つ改善していくことが必要になる。

────────── 第**4**章 ──────────

競争制限行為編
（原因と解決策の提示④）
リニア談合

第1項　事案の概要

1　大林組等によるリニア中央新幹線工事の入札に関する独占禁止法違反

⑴　捜査当局による捜査・起訴・有罪判決と調査委員会の設置

　株式会社大林組[7]は，2017年12月，東海旅客鉄道株式会社（JR東海）を発注者とするリニア中央新幹線の建設工事（リニア工事）の競争見積もりに関する偽計業務妨害や独占禁止法違反の容疑で東京地方検察庁特別捜査部から捜索を受け，受注調整行為（本件受注調整行為）が発覚した。

　その後，大林組は2018年3月23日に起訴され，同年10月22日には法人として有罪判決を受けた。

　一方，大林組は2018年8月31日に本件受注調整行為の原因究明および再発防止策の提言を目的として第三者委員会を設置し，2019年1月31日，第三者委員会の「調査報告書」（本報告書）が公表された。

───────────────
7　国内外建設工事，地域開発・都市開発・その他建設に関する事業等を主な事業とする。当時の市場区分では東証1部，福岡証券取引所本則市場。

本章では本報告書をもとに，本件受注調整行為について取り上げる。

(2)　本件受注調整行為の概要

　大成建設，大林組，および鹿島建設は2014年にリニア工事の受注活動に関して 3 社会合を行うようになり（清水建設も入札参加企業であるが，JR系列の受注実績の少なさから会合に呼ばれなかった），その後， 3 社で受注調整を行った[8]。なお，初回の 3 社会合には，大林組からは2014年当時の専務執行役員本社土木本部本部長が参加していた。受注調整の結果，各社は，受注希望工区の受注を目指して応札し，その他の工区については他社よりも高い見積価格で応札し，または競争見積もりに参加しなかった。

(3)　捜査当局による捜索を受け大きく下落した株価，営業停止処分

　大林組の株価（終値）は，強制捜査が行われた2017年12月 8 日には1,488円であったが，次の取引日である同月11日には1,381円まで下落しており，強制捜査の発覚により株価下落が原因したと思われる。

　また，大林組は有罪判決を受けた後，国土交通省関東地方整備局から「全国における土木工事業に関する営業のうち，民間工事に係るもの」について2019年 2 月 2 日から2019年 6 月 1 日までの120日間の営業停止処分を受けた。

2　ルートコーズ

(1)　受注調整行為が行われやすい背景

　本報告書では，本件受注調整行為の背景として，以下の 4 つが挙げられている。このうち 1 つ目は序章で紹介した「セクショナリズム」に関する指摘， 2 つ目から 4 つ目は受注調整行為を選択してしまう背景事情，ということになろう。

8　受注調整の内容は，品川駅南工区は大林組を受注予定者とすること，品川駅北工区は清水建設を受注予定者とする，名古屋駅新設（中央西工区）は大成建設を受注予定者とする，といったものであった。

- 建築事業部門と土木事業部門との分化により，両事業部門の間に相互不干渉ともいうべき意識が醸成されている可能性があること
- 建設会社の土木事業部門の役職員は，日常的に同業他社の役職員とコミュニケーションを取り合う関係にあり，心理的な意味での距離が近いこと
- 談合決別宣言とその後の土木業界における経営環境の急激な悪化が相俟って，同業者間で赤字覚悟の熾烈な叩き合いが繰り広げられた時期を経験したこと
- 談合（受注調整）の誘惑は現在もなお存在しているにもかかわらず，談合決別宣言等の効果への過信からくる油断があったこと

(2)　本件受注調整行為の発生原因

　そのうえで，本件受注調整の発生原因を①リニア工事特有の事情に起因するもの，②大林組における従来の独占禁止法違反防止体制の盲点とも呼ぶべきもの，③関与者らの個人的資質等の属人的事情に起因するものに分けて分析している。

■リニア工事特有の事情

　このうち，①リニア工事特有の事情というのは，以下のようなものであり，いわば本件受注調整行為の「動機」「正当化」要素である。

(i)　JR東海がコスト重視の姿勢を前面に押し出しており，ゼネコン各社が入札価格を引き下げて赤字受注になるおそれがあったこと

(ii)　ゼネコン各社がJR東海に対して「勉強」という名で無報酬の情報提供，技術提案，調査報告等を行うことになっており，そのコスト（大林組の場合には10億円に及ぶ）をリニア工事の費用で回収したかったこと

(iii)　リニア工事は大手ゼネコンにとっても未知の領域であり，適切な見積もりを行うことすら困難であり，見積もりにも多大な負担がかかるため「勉強」している工区以外は応札そのものを辞退したいが，応札を辞退してしまうとJR東海の不興を買い，その後の案件受注に不利に働く懸念があっ

たこと

(iv)　リニア工事は，大手ゼネコン4社が受注を分け合うのに足りるだけの規模と工区数を有しており，棲み分けが比較的容易な状況にあったこと

(v)　大林組は過去に東海道新幹線品川駅の新設工事を担当した実績を有し，品川駅前に本社を置くなど，いわば，品川駅周辺は同社の「お膝元」だったこと

■独占禁止法違反防止体制の盲点

　一方，②大林組における従来の独占禁止法違反防止体制の盲点として，(i)民間工事かつ，当該事業分野において活動する事業者のうち一部の者のみが関わる事案が違法となり得ることについて，役職員らの理解が不足していたこと，(ii)監査体制も公共工事における入札談合の監視に力点が置かれており，民間工事における受注調整に関するチェックは十分なものではなかったこと，(iii)各種相談・通報窓口に対する信頼感の不足が原因で，これらの制度が本来期待される機能を果たさなかったことが挙げられている。

　そして，なにより専務執行役員本社土木本部本部長という経営トップクラスが関与していた，という点も盲点であったとされている。

　③関与者らの個人的資質等の属人的事情（たとえば大成建設のリニア工事営業統括者と大林組の専務執行役員本社土木本部本部長が大学の同級生であったこと等）を含めて，この経営トップクラスの関与というのが本件受注調整行為のルートコーズの1つと言えよう。

第2項　ルートコーズとリーダーシップ

　以上がルートコーズを含む事案の概要であるが，次にこれらをリーダーシップとの関係で整理すると，マネジメント・オーバーライド（経営トップクラスによる内部統制システムの無効化）の亜種と整理できよう。

　本報告書によれば，大林組では，過去の度重なる談合事件の発生を受けて，これまで数々の独占禁止法違反防止策が導入されており，その内容は業界内で最も厳格な部類に属するものであったが，従来の独占禁止法遵守プログラムは，経営トップクラスの関与を想定していなかったという。

　マネジメント・オーバーライドの典型例は，企業不祥事の予防の仕組みを経営トップクラスが自ら破るものであり，まさしくリーダーの資質が企業不祥事を招いている。

　一方，リーダーが経営トップクラスの関与を想定していない仕組みだけを作り（または放置し），それが経営トップクラスに利用された場合も，リーダーの資質が企業不祥事を招いたと言わざるを得ない。

第3項　再発防止策とリーダーシップ・企業風土

1　大林組の再発防止策と第三者委員会の提言した再発防止策

　大林組は，2006年に「独占禁止法遵守プログラム」を策定して順次改定してきたが，本件受注調整の発生を踏まえ，再発防止策として様々な施策を追加した。

　一方，第三者委員会は，大林組の追加施策について従来の不足分を補う限度では有効性を肯定した。しかし，土木部門のトップが関与する受注調整を抑制・阻止するための牽制機能が不十分である点は問題であると評価した。

　そこで，第三者委員会は，①経営陣による再発防止に向けた主体的な取組み，②受注調整に係る具体的な事実関係等の公表と風化の防止，③大林組土木部門トップらの独占禁止法違反に対する厳正な対応・処分，④役員（取締役・監査役）の独占禁止法に対する理解を担保する仕組み，⑤決裁権者の独占禁止法に対する理解の深化促進，⑥決裁権者を牽制する仕組みづくりといった再発防止策を提言した。

今回は，その中でも②と③を紹介しておきたい。

2 事実関係と原因の正確な理解と風化させない取組み

第三者委員会は，②について，本件受注調整に係る具体的な事実関係と原因の全容を社内外に公表し，本件受注調整の事実関係と原因を正確に理解して初めて，再発防止策の必要性・有効性について真の納得感が得られ，従業員にもこれを真摯に遵守する意識が根付くはずである旨述べている。

また，公表後も，本件受注調整行為から得られた様々な教訓を社内研修に生かすなどして，風化させない取組みを実施する必要がある旨述べている。

リーダーの中には，社内外への公表も風化させない取組みも，会社の不名誉な点を晒す行為と感じ，これを避けたいと思う人もいるかもしれないが，不名誉な過ちこそ，世の中に晒して何度も振り返る必要がある。

3 リーダーの本気度を示す強いメッセージの発信

また，第三者委員会は③について，以下のように述べている。

(i) 法令遵守の優先・徹底をトップメッセージとして発信しても，違反行為に対する厳正な処分が伴わなければ，再発防止に対する会社の本気度が伝わらず，本件受注調整によって損なわれた会社の社会的信用の回復も不可能である。

(ii) また，本件受注調整に関与した従業員に対する厳正な対応は，上司の指示であっても不正行為に加担してはならない，見過ごしてはならないというメッセージを伝える意味でも重要である。したがって，本来あるべき処分と異なる処分を下さざるを得なかった等の事情がある場合には，必要な説明を尽くして，誤ったメッセージが発信される結果とならないよう留意する必要がある。

(iii) さらに，大林組のトップは，本件受注調整が土木部門のトップが関与した事案であるという特異性・重大性と将来の同種事案再発の危険性によく思いを致し，同種事案が再発した場合には，いかに当該行為者（役員を含

　　む）が会社の業績維持向上に多大な貢献をしてきた者であっても，毅然と
　　して厳正な社内処分（個人に対する損害賠償請求を含む）を実施する旨を
　　定期的に社内に周知すべきである。

　これはリーダーの本気度を示す，誤ったメッセージを伝えない，という趣旨
である。

　特に，仮に業績に貢献してきた者という理由で社内処分を甘くした場合には
「業績に貢献していれば，悪質な行為をしても厳しい処分はなされない」とい
う誤ったメッセージになり，さらにこれが転じて「業績に貢献していれば，多
少の不祥事なら見逃してもらえるだろう」，「業績に貢献していれば，多少の不
祥事なら行ってもいい」といったさらに誤ったメッセージとして受け取られる
可能性もあり，第三者委員会はそういったリスクを強調しているのである。

第4項　リニア工事における受注調整行為から学ぶ
　　　　　リーダーシップ

　もしかしたら，大林組の役職員の中には，経営トップクラスが関与する受注
調整行為を想定していない仕組みを見て「受注調整行為は禁止されているが経
営トップクラスの判断であれば別物である」と感じていた者がいるかもしれな
い。

　また，第三者委員会の指摘がなければ，再発防止策の実行の場面においても
誤った受け取られ方をしかねないメッセージが発信されたかもしれない。

　受注調整行為が発生し得る業種とそうではない業種があり，後者のリーダー
としては本章で紹介した事例を「違う業界の，違う問題に関する話」と捉える
方が気は楽であろう。

　しかし，この事例と再発防止策に関する指摘を是非，メッセージの発信の仕
方に関するヒントと捉えていただきたい。

【図表1－4－1】 株価の推移（リニア中央新幹線談合事件）

2017年11月～2019年2月

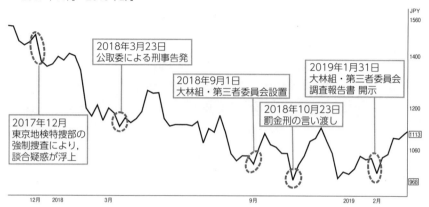

2017年12月
東京地検特捜部の
強制捜査により，
談合疑惑が浮上

2018年3月23日
公取委による刑事告発

2018年9月1日
大林組・第三者委員会設置

2018年10月23日
罰金刑の言い渡し

2019年1月31日
大林組・第三者委員会
調査報告書 開示

2016年11月～2022年6月

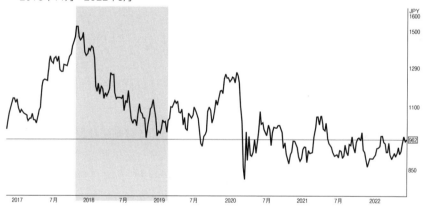

─────── 第**5**章 ───────

腐敗行為編
（原因と解決策の提示⑤）
天馬

───────────────────────────

第1項　事案の概要

1　天馬海外子会社における現地公務員に対する金銭交付

(1)　海外子会社による現地公務員への金銭交付と本社によるコンサルティング契約への仮装

　天馬株式会社[9]（以下「天馬本体」という）の海外子会社である天馬ベトナムでは，2019年8月31日に現地公務員（税務局調査リーダー）に対して金銭を交付した（以下「本件金銭交付」という）。

　本件金銭交付後，天馬ベトナムから天馬本体の取締役に報告がなされ，同年10月8日に天馬本体の会長や一部の役員間で話し合われた。その際，監査等委員取締役は話合いの場に呼ばれなかったが，監査等委員に伝わると監査法人に伝わる可能性がある，という危惧が理由だったようであり，本報告書では「事なかれ主義」であると批判されている。

───────────────

9　プラスチック製品（家庭用品，自動車部品，OA機器部品，メディアケース，物流・農水産用資材，飲食用資材，建築資材など）の製造および販売を主な事業とする。当時の市場区分では東証1部。

話合いの後，同年10月16日には顧問弁護士の回答も得た上で，コンサルティング契約による金銭交付という体裁を取る方法[10]が持ち上がり，同年11月11日には実際に契約は締結された。

(2) 外部の弁護士への相談を契機とした第三者委員会の設置

しかし契約締結の翌日，天馬本体の常務取締役が外部の弁護士に相談したところ，コンサルティング契約による金銭交付の体裁を取っても本件金銭交付行為は一旦成立しており不正競争防止法違反となる上，コンサルティング契約による金銭交付も新たな不正競争防止法違反になり得る旨の回答がなされた。

その後，上記の外部の弁護士から天馬本体の常務取締役らに対し，①他の取締役からコンサルティング契約締結に対する不信感が生じていることから，直ちに本事案の対応経緯を取締役会で監査等委員を含めて情報共有するとともに，②天馬ベトナムでの不正競争防止法違反に該当する可能性がある本事案に関して，取締役会から独立した第三者委員会により厳正に調査を行うことが望ましい旨，助言がなされた。

天馬本体の社長らは，この助言に従い，天馬ベトナムによる本件金銭交付およびその後のコンサルティング契約の締結経緯に関して，第三者委員会による調査を設置することにした。

第三者委員会は2019年12月2日に設置され，2020年4月2日に調査報告書（以下「本報告書」という）が公表された。

本報告書は本件金銭交付以外にも，複数の拠点における現地公務員に対する金銭交付について言及しており，いずれも軽微な事案ということはできない。もっとも本章では，天馬本体の取締役らが事後対応において誤った判断をしたと言わざるを得ない，本件金銭交付の件に特に着目して紹介する。

---

10 税務局調査リーダーからは一旦金銭を返還してもらい，同額を税務局リーダーと関係のあるコンサルティング会社に，コンサルタント料として支払う，という方法である。

(3)　調査結果の概要

　調査の結果，天馬ベトナムにおいては2019年の本件金銭交付のみならず，2017年にも現地公務員（税関局職員）に対して金銭交付をしており，かつかかる金銭交付について天馬本体の社長の承認がなされていたことが発覚した。

　また，その他Y国においても現地公務員に対して現金交付がなされた可能性があること，Z国においても現地公務員に対して現金交付がなされたことが発覚した。

2　ルートコーズ

　第三者委員会は，2019年の本件金銭交付に関し，①外国公務員への現金交付を未然に防止できなかった原因，②外国公務員への現金交付を知った（天馬本体の）取締役らが合理性を欠く危機対応をした原因，③（天馬本体の）取締役会が取締役の判断や行動を是正するガバナンス機能を発揮できなかった原因の3つの視点から分析している。

　このうち①については，(i)動機（経済的利益の追求），(ii)機会（仮装の経費処理を容易に実行できるずさんな統制環境，海外子会社の経営陣がこれを容認して内部統制を無効化したこと，親会社である天馬本体が海外子会社に対して牽制を効かせてこなかったこと，(iii)正当化（経済的利益を得られて「会社のため」になる，他社も支払っているはずであり合理的行動である等）の3つに分けて分析されている。

　次に②については，(i)外国公務員贈賄が重大なビジネスリスクであることを理解せず，外国公務員贈賄リスクに対して無防備なまま海外事業展開を続けてきたこと，(ii)利益とコンプライアンスとを天秤にかける企業風土，(iii)虚偽の経理処理を容認する統制環境，(iv)（取締役らの）十分な情報収集とその分析・検討に基づく意思決定の欠如であるとされている。

　最後に③については，(i)監査等委員への隠蔽（監査等委員に伝わると監査法人に伝わる可能性がある，として監査等委員への報告を先送りにしたこと），(ii)本件金銭交付に対する危機管理対応よりも，本件金銭交付の発覚を材料とす

る社内での権力争い，社長降ろしが優先されたこと，が挙げられている。

第2項　ルートコーズとリーダーシップ

　上記のルートコーズのうち，③の隠蔽や権力争いもあってはならないことだが，①②の中の根底にはリーダーシップがあることを見逃してはならない。

　類型的に予想されるリスクである外国公務員贈賄リスクを理解せず，利益とコンプライアンスとを天秤にかける企業風土を許容してしまい，かつ内部統制も弱ければ，当該リスクが現実化するのは当然である。

　また天馬本体の社長は2017年の天馬ベトナムにおける現地公務員（税関局職員）に対する金銭交付について承認し，また2019年の本件金銭交付についてもコンサルティング契約の締結等を承認しており，自ら外国公務員贈賄に関与してしまっている。

　このように見ると，天馬海外子会社における一連の不祥事は，リーダーがその原因を作り，かつ自ら関与している，リーダーの失敗が顕著な事案と言えよう。

第3項　再発防止策とリーダーシップ・企業風土

　第三者委員会は，①現時点で確認ないし発見された問題行為に対する適切な有事対応，②関係者に対する処分の在り方の方針決定，③外国公務員贈賄リスク管理体制の整備，④役員トレーニングによる知識・意識・リテラシーの向上，⑤取締役会のガバナンス機能の再構築，という5つの再発防止策を提言し，天馬本体はこれを受けて再発防止策を公表している。これらはガバナンス，リーダーシップ，内部統制，企業風土のいずれについてもメスを入れるものと言えよう。

第4項　リーダーに求められるステークホルダー目線

　本章の事案における天馬本体の取締役らの有事対応については，第三者委員会から「外国公務員への現金交付を知った取締役らが合理性を欠く危機対応」と評価されている。たしかに監査法人に伝わることを恐れて監査等委員取締役には情報共有をしない，コンサルティング契約に仮装して事態の収束を図る，といった態度は事なかれ主義，矮小化といった批判を免れ得ないだろう。

　しかし，第三者委員会による批判はそれだけではなく，以下のような厳しい指摘を行っている。

① 　本来はステークホルダー目線から独立性を維持し，会社の企業価値の毀損を最小限に抑えるべく危機対応にあたることが期待される監査等委員らでさえ，天馬ベトナムの問題の「犯人捜し」に執着して相当の時間と労力を費やし，その結果，金融庁・東京証券取引所・捜査機関など外部関係機関とのコミュニケーションを中心とする然るべき危機対応を置き去りにしてきた。

② 　わずか9名の取締役が，全ステークホルダーにとって最善の判断と行動をすることを放棄し，自身の私情を交えたり，会長への配慮や忖度をすることが，連結で7,000名を超える当社グループの従業員や，合計で 3,500名を超える当社の株主らに対し，どれほど無責任な振る舞いであったかを真摯に省みるべきである。

　有事にはリーダーシップの良し悪しは目立ちやすい。その中でも，ステークホルダー目線，マーケット目線を持つことができているか否かという点は特に目立ちやすい。

　そういうこともあって第2編では「マーケット目線」というフレーズを入れているが，天馬の事案の第三者委員会も本報告書を通じてステークホルダー目線，マーケット目線の重要性を強調したかったのかもしれない。

　少なくとも読者におかれては，この事案から内部統制の構築や有事対応に関

する巧拙のみならず，ステークホルダー目線の重要性まで読み取っていただきたい。

──────── 第**6**章 ────────

情報管理編
（原因と解決策の提示⑥）
ベネッセ，シンフォーム

────────────────────────────

第1項　事案の概要

1　委託先を通じた顧客情報の漏えい

　株式会社ベネッセコーポレーション[11]（ベネッセ）は，顧客の氏名，性別，生年月日，郵便番号，住所および電話番号ならびに顧客の保護者の氏名といった個人情報を管理していたが，これらの個人情報は，遅くとも平成26年6月下旬頃までに外部に漏えいした（以下「本件漏えい」という）。

　本件漏えいは，ベネッセのシステムの開発，運用を行っていた株式会社シンフォームの業務委託先の従業員であった甲が，ベネッセのデータベースからベネッセの顧客等に係る大量の個人情報を不正に持ち出したことによって生じたものであり（以下「本件持ち出し」という），甲は，持ち出したこれらの個人情報の全部または一部を複数の名簿業者に売却した[12]。

　ベネッセは平成26年7月15日の時点で個人情報漏えい事故調査委員会を設置しており，同年9月25日に調査結果を発表した。

──────────────────────────────

11　教育・生活事業を主な事業とする。当時の市場区分では，完全親会社である株式会社ベネッセホールディングスが東証1部。

2　個人情報の持ち出しの手口

　本件持ち出しは，MTP[13]に対応したスマートフォンを業務用パソコンのUSB
ポートにUSBケーブルを用いて接続してMTP通信でデータを転送する方法に
より行われた。上記の業務用パソコンは，セキュリティソフトにより，MSC[14]
通信によりデータを転送できないよう制御されていたが，MTP通信によりデー
タを転送できないようにする制御はなされていなかった。

第2項　シンフォームのみならずベネッセにおける
　　　　企業不祥事という評価

　上記のとおり，本件持ち出しはベネッセではなく，ベネッセのシステムの開
発，運用を行っていたシンフォームにおいて行われたものであり，なおかつ持
ち出しを行ったのはシンフォームのさらに業務委託先の従業員であった。

　しかし，本件漏えいを原因する損害賠償請求事件では，シンフォームのみな
らずベネッセも被告とされ，複数の高裁判決において，ベネッセはシンフォー
ムに対する監督義務違反により敗訴している[15]。

　また，本件漏えい後，ベネッセの在籍数が減少した旨の報道もなされており，
法的側面からもビジネスの側面からも「ベネッセにおける企業不祥事」という

12　ベネッセは警視庁に対して甲の刑事告訴を行い，警視庁は不正競争防止法違反の容疑で
　　甲を逮捕し，甲は不正競争防止法違反で起訴された後，有罪判決が言い渡され，懲役2年
　　6月および罰金300万円に処された（判決内容は東京高判平成29年3月21日・判例タイム
　　ズ1443号80頁参照）。

13　Media Transfer Protocolの略。パソコンと他のデバイス（スマートフォンやデジタル
　　オーディオプレーヤー）をUSB接続してファイルを転送するプロトコル（規格）の一つ。

14　Mass Storage Classの略。パソコンと他のデバイス（USBメモリや外付けハードディス
　　ク）をUSB接続してファイルを転送するプロトコル（規格）の一つである。当時，スマー
　　トフォンの中にはMSC対応のものとMTP対応のものが存在していた。

15　たとえば東京高判令和元年6月27日・Westlaw掲載，大阪高判令和元年11月20日・Wes
　　tlaw掲載等。

評価がなされていることは否定し難い。

【図表１－６－１】　株価の推移（ベネッセ個人情報流出事件）

2014年6月〜2015年6月

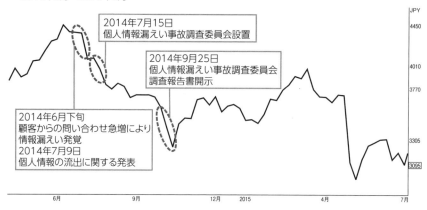

2013年6月〜2022年6月

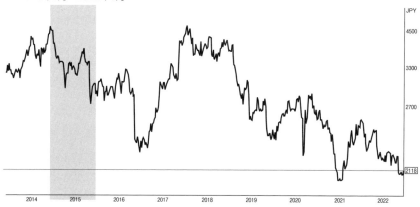

―――――――――――第**7**章―――――――――――

新たな企業不祥事への備え
―未知のリスクはあるのか

　第1章から第6章まで，様々な企業不祥事の類型を紹介してきたが，そのうち会計不正や品質偽装，競争制限行為といった類型の行為は以前から行われてきたし，また以前から企業活動として許容されない，企業不祥事として捉えられてきた。

　また，情報管理上の問題，たとえば情報漏えいは，IT技術の進歩と企業が取り扱うデータ量の増大に伴い，事例が増加し，かつ被害の深刻度が増してきたが，以前はやむを得ないものとして許容されてきた，というわけではない。

　一方，今後は，以前は企業不祥事として捉えられてこなかった事象や企業活動が，企業不祥事として捉えられる可能性もある。

　たとえば，これまでサプライチェーン上の人権問題について企業が明示的に配慮を求められることは少なかったが，今や「ビジネスと人権」といったフレーズの下，サプライチェーンにおける人権デュー・デリジェンスの実施が期待されるようになっている[16]。

　また，これまでも他国や競合他社からの産業スパイの存在は意識され，企業

16　令和2年10月付けビジネスと人権に関する行動計画に係る関係府省庁連絡会議「『ビジネスと人権』に関する行動計画（2020-2025）」によれば，人権デュー・デリジェンスとは，企業が人権への影響を特定し，予防し，軽減し，そしてどのように対処するかについて説明するために，人権への悪影響の評価，調査結果への対応，対応の追跡調査，対処方法に関する情報発信を実施する一連の流れを指すものとされている。

も警戒をしてきたと思われるが，それはあくまで自社の情報ひいては利益を守るためであったと思われる。しかし，今や「経済安全保障」の一環として，日本の国益を守るために，官民が連携して技術・データの流出防止に取り組むことが要請されている。

　さらに，従前から地政学リスク（地理的な位置関係による，政治的や軍事的，社会的な緊張の高まりが，その地域や世界経済に与える悪影響）は存在したが，ロシアによるウクライナ侵攻により，地政学リスクへの早期かつ断固とした対応の必要性は一層高まった。

　今のところ，サプライチェーン上の人権問題や経済安全保障への取組み方が不十分であるとしても，それが「企業不祥事」と評価され厳しく批難されて当然，という段階まで進んでいない。

　しかし，ロシアによるウクライナ侵攻を契機に，ロシアにおける事業活動について，急に撤退の有無を問われることになった（撤退するかレピュテーションの毀損のリスクを負うかという判断を迫られた）ように，いずれサプライチェーン上の人権問題や経済安全保障への無頓着さが「企業不祥事」の一類型として取り上げられる可能性は十分にある。

　したがって，リーダーとしては既知の企業不祥事の類型だけでなく，今後企業不祥事の類型となり得る問題についても情報収集や自社の状況の検討を怠ってはならない時代になった。

　もちろん，リーダー自らが情報収集や自社の状況の検討を行う必要まではなく，リスク管理の体制を構築運用すれば足りる。

　しかし，リスク管理の部署が既知の企業不祥事のリスクのみを扱うのか，今後企業不祥事の一類型となり得る問題までリスクと捉えるのかという方針決定のレベルではリーダーも関わってくる。したがって，リーダーは自社のリスクの捉え方まで気を配る必要がある。

第**8**章

総　括

　以上，様々な企業不祥事とそのルートコーズを見てきたが，リーダーはメッセージを発信しているが「不健全な企業風土・脆弱な内部統制」を改善しないまま発信した結果，誤った形で受け止められるパターンが特に多いことがわかるだろう。不健全な企業風土・脆弱な内部統制の企業では，リーダーが発信したメッセージは誤った形で受け止められ，または不祥事を伴いながら実践されることがある。

　その結果，従業員が企業不祥事に手を染める方向に向けられた事案は少なくないし，その不健全な企業風土・脆弱な内部統制自体，リーダーが醸成したり放置したりしたものであれば，憤りすら感じる。

　ではそのような事案で「リーダーに法律上の責任（会社法上の役員の立場での，善管注意義務違反による損害賠償義務）が成立するか？」といえば，そうとは言い難い。法律上の責任が成立するケースはごくまれ，極端な事案だけである。

　しかし，誤ったリーダーシップがルートコーズになっているとすれば，多かれ少なかれ，経営責任は存在すると言えよう。そして昨今の企業不祥事後は，誤ったリーダーシップの発揮という経営責任のみをもって，辞任の体をとっても事実上地位を追われるリーダーも珍しくはない。

　そういった時流を踏まえると，リーダーとしては「法的責任，善管注意義務

違反を免れるにはどうしたらよいか」といった消極的な発想ではなく，「リーダーシップをベストな形で発揮するにはどうしたらよいか」といった積極的な発想を持たなければ，自社も自らの地位も守れないと言えよう。

コラム

エンロンで破綻した監査法人アーサーアンダーセン

　アメリカのエンロン（Enron Corporation）はエネルギー業界の規制緩和により急成長を遂げ，2001年時点で全米でも有数の売上高を誇る企業となっていたが，特別目的会社（SPC）を用いた粉飾等，連結財務諸表の粉飾が発覚して，数週間のうちに経営破綻した。

　2001年10月半ばの特別損失の計上から同年12月初旬の連邦破産法11条（日本でいえば会社更生法に近い仕組みである）の申請までを数えると，わずか1か月半の間に経営破綻にまで至ったことになる。

　また，アメリカのワールドコム（Worldcom）はM&Aを繰り返して急成長を遂げた電気通信事業者であったが，販売管理費などに計上すべき費用を設備投資として計上する等の粉飾により業績悪化を隠蔽してきた。この粉飾が2002年6月下旬に発覚すると，ワールドコムは同年7月下旬には連邦破産法11条を申請し，粉飾発覚から1か月以内に破綻してしまった。

　わずか1年足らずの間に，全米を代表する企業2社がいずれも日本円にして兆の単位の負債を抱えて破綻したことはセンセーショナルであり，エンロンの事案を契機にSOX法（日本の金融商品取引法のモデルとなった法律）が制定されたことは有名であるが，これら2社の監査法人であったアーサーアンダーセンが，この2社の破綻を契機に解散に追い込まれたことにも触れておきたい。

　アーサーアンダーセンは当時BIG5と呼ばれた大手監査法人の一つであったが，エンロンとワールドコムの粉飾を見逃したばかりか，エンロンの粉飾が発覚した際に，監査調書等の関係資料を廃棄してしまい，司法妨害で有罪判決を受けてしまった。司法妨害で有罪判決を受けたことにより，監査報告書に署名する資格を失い（＝顧客である上場会社はアーサーアンダーセンの署名付きの監査報告書を得ても，上場会社としてのルールを満たせないことになる），アーサーアンダーセンは瞬く間に顧客を失うことになった。結局，アーサーアンダーセンを構成する事務所は次々と独立し，解散に追い込まれてしまった。

第2編

不祥事対応に見る，
マーケット目線を持った
リーダーシップ

第1編では様々な企業不祥事を取り扱い，原因（ルートコーズ）や再発防止策とリーダーシップの関係性について説明してきた。

続いて，本編では，不祥事対応（クライシスマネジメント）におけるリーダーシップに焦点を当てたい。

以下，調査段階（第1章および第2章），再発防止のための内部統制の構築と開示（第3章および第4章），再発防止策それ自体をテーマ（主題）とするわけではないが再発防止策について言及する場面となり得るIR・株主総会（第5章）に分けて，説明したい。

───────── 第**1**章 ─────────

マーケットを意識した調査実務

第1項　企業不祥事の疑いが発見された直後の対応と　　調査体制

1　監査法人や関係省庁を意識する場合の調査体制

　監査法人（会計監査人）が，財務情報・財務報告に関係し得る企業不祥事の疑いを発見した場合，監査法人が企業に対して第三者委員会等を設置した調査を求めることがある。このような場合には，会社として必要十分な調査を行わない限り，監査法人から財務諸表等（四半期財務諸表等）に添付される監査報告書において無限定適正意見を述べてもらえない可能性があることから，会社としては監査法人に認めてもらえるような必要十分な調査，たとえば外部調査委員会や第三者委員会等を設置した調査に向かいやすい。また，企業不祥事の類型によっては，関係省庁から会社の対応方針について一定の要請がなされることもあるだろう。

2　調査体制はリーダーの決定に委ねられる

　しかし，そういったケースや監査役等が自らの調査権限の行使の一環として

調査委員会を立ち上げるケースを除けば，企業不祥事の疑いが発見された直後の対応方針の決定は取締役会，ひいてはリーダーに委ねられている側面が大きく，リーダーのインテグリティが問われる場面となる[1]。こういった場面では，リーダーを含む業務執行側には，株価下落や業績悪化等を恐れて隠蔽したい，という誘惑に駆られかねない。しかし，そのような誘惑に負けてしまえば，それ自体，また新たな企業不祥事となってしまうから避けなければならない。リーダーが陥る「矮小化」の罠である。

　誘惑に負けず企業不祥事の調査に乗り出す場合，次に，どのような調査体制を採用するかという問題が浮上する。たとえば①相対的に独立性が低い調査体制として外部の弁護士や公認会計士を起用しない社内調査委員会，②中間的な体制として外部の弁護士や公認会計士等と社内のメンバー（取締役や監査役）の両方を委員とする委員会，③独立性が高い調査体制として社内のメンバーを入れずに外部の弁護士や公認会計士等だけで組成する第三者委員会等が存在する。

　どのような調査体制を採用すべきかについて法律上の定めはない。しかし，取締役等の経営層が企業不祥事に関与したり黙認したりした事案であれば自ずと会社と調査体制の間の独立性が強く求められることになる。また，大きな事案であれば第三者委員会を設置し多くの弁護士や会計士等を投入して調査をすることが多いといった傾向もある。マーケットの目の肥えた投資家は採用された調査体制から事案の軽重を先読みすることもあるし，リーダーの立場に置き換えれば（そのような先読みがやや勝手なものであったとしても）マーケットを欺かないように留意する必要があろう。

1　たとえば第1編第5章の天馬の事例を考えれば，いい意味でも悪い意味でも取締役会やリーダーに委ねられている側面が大きいことはわかるだろう。

【図表2－1－1】　第三者委員会/外部調査委員会の位置づけ

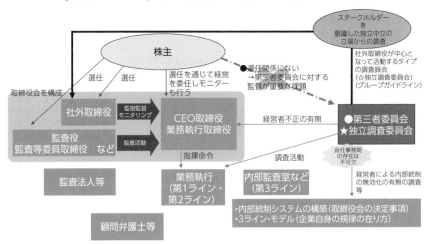

コラム

顧問法律事務所の調査への関与

　顧問法律事務所の弁護士は会社のために法律業務を提供する存在である。弁護士の中でも会社に対する知識量が多い存在と言えるし，会社としても危機管理時にも助力を得たいと考えやすい存在である。しかし，顧問弁護士は経営層の意思決定や内部統制システムの構築運用に関与することもあり，独立性の面からすれば好ましくないし，マーケットやステークホルダーの中にはそのことを理解している者もいる。

　調査実務上は，たとえば社外取締役や社外監査役，利害関係のない弁護士を委員としつつ，実際には顧問法律事務所に限らず従前から度々業務発注をしている法律事務所（たとえば大規模法律事務所の場合は継続的に受注している場合も顧問契約は締結していないことも多い）の弁護士たちを調査補助者とするようなケースもある。その中には会社に対する知識量や頼りがいといったことを理由に調査補助者にしたケースも少なからず含まれているだろう。

　しかし，目の肥えたマーケット参加者やステークホルダーの中には「代表取締役や社内取締役に忖度した調査を期待してそのような構成としたのではないか」等と疑念を抱く者もいるし，一定の目線の肥えた社外役員や特定の株主から，調査補助業務を大規模に請け負うことに懐疑的な目線を示される場合も多いとされる。マーケット目線を意識した場合，そういった疑念を勝手な陰謀論と捨て置くことはできないだろう。

　危機管理時の調査体制の選定の時でさえ，いや，選定の時こそ，李下に冠を正さずという姿勢が重要になってくる。

　さらには，仮に経営陣の問題が少なからず噂される事案で，最終的には出てきた報告書の内容が，「組織構造的な問題」に，どれだけ切り込んだか，が強く問われる。その切り込みが甘い報告書が多いからこそ，任意の格付け活動が生まれるのだろう。

第2項　企業不祥事の調査スコープ

1　調査スコープにリーダーは関与し得る

　調査体制が決定した場合，次に決めなければならないのが調査対象とする事実の範囲（調査スコープ）である。

　調査スコープについては，①疑いが発見された企業不祥事だけとする，②当該企業不祥事の類似案件も含む，③調査の過程で発見された別の態様・類型の企業不祥事も，調査スコープ内に取り込む，といったものが考えられる。そして，会社と調査体制の独立性が強い第三者委員会についてさえ，会社には調査スコープの設定に関与し得る。

　たとえば「第三者委員会は，企業等と協議の上，調査対象とする事実の範囲（調査スコープ）を決定する。調査スコープは，第三者委員会設置の目的を達成するために必要十分なものでなければならない。」という表現にとどまっている場合[2]，理屈上は，会社が第三者委員会の設置目的を狭くした上，第三者委員会との協議の中で調査スコープの拡大に消極的な態度を取ることもできてしまうのである。

　こうした仕組み上，リーダーが事態を荒立てたくないと考えて調査スコープの絞込みを目論む余地はある。しかし，そういった目論みはリーダーのインテグリティ，マーケットを欺かないようにする姿勢に照らして正しいと言えるのか。

　一見合理的（に見える）調査体制が構築され，調査スコープが設定された場合，マーケットの中には当然，「適切な調査スコープが設定されている，膿を出しきってくれる」と期待する者もいる。それにもかかわらず，リーダーが調

2　日弁連が策定・改訂した「企業等不祥事における第三者委員会ガイドライン」（https://www.nichibenren.or.jp/library/ja/opinion/report/data/100715_2.pdf）参照。

査スコープを狭めた結果，その時点で発見できたはずの企業不祥事を発見できず，後になってから発覚すれば，会社はマーケットからの信頼を大きく失ってしまうであろう。

2　調査スコープの設定における工夫

　もちろん調査委員会による調査がすべてではなく，すべてを調査委員会の調査スコープに入れることは難しい場合もある。しかし，調査スコープ外の問題について社内調査で並行調査する等といった工夫もある。限られた検討期間，調査期間の間に工夫を凝らし，「膿を出しきってくれる」という期待に可能な限り応えるのが真のリーダーであると考える。

　これは調査の過程で新たに別個の企業不祥事が発見された場合も同様である。調査方法（調査委員会による調査対象とするのか社内調査にするのか）や調査時期について検討した結果，社内調査の継続調査事項とする余地はあっても，「優先順位をつけることが必要である」「期限内にすべては調査しきれない」等といった理由でその場を切り抜けたまま二度と取り上げず葬り去る，といった姿勢はあってはならない。

　もし，取り上げず葬り去った後，別の経緯により再度その企業不祥事がクローズアップされた場合，「当時なぜ取り上げなかったのか」という視点での調査も行われ得る。そうした調査の結果，企業不祥事を認識していながら取り上げなかったことが発覚すれば，非難されることは避けられないだろう。

コラム

「臨時通報窓口」と「徳政令」

　調査スコープを広く取り，調査を機に別個の企業不祥事までまとめて探しに行く手法として「臨時通報窓口」「徳政令」がある。通常の内部通報窓口とは別に，調査委員会が「臨時通報窓口」を設置して社内から広く企業不祥事の通報を募る，全社アンケートを実施して見聞きした企業不祥事について任意記載を求める場合を含める，といったことをすれば膿を出しきることにつながる。

　また，企業不祥事への関与を自主申告すれば処分をしない（あるいは処分を軽減する）一方で，今後関与が発覚すれば重く処罰する旨の通達（「徳政令」等と表現することがある）も，自主申告のハードルを下げて膿を出しきることにつながる。

　一度に様々な企業不祥事が発覚した場合には，調査の負担は重くなる。しかし，通底するルートコーズ（個々の企業不祥事の調査だけからは見つからなかったルートコーズ）が見つかる可能性もあるし，一挙に膿を出し切ろうというリーダーの姿勢は，会社を一新させようとする強い「メッセージ」になる。

　調査委員会を設置した場合に「臨時通報窓口」と「徳政令」を組み合わせることが実務上の「作法」「流儀」とまで言うつもりはないが，リーダーが本当の意味で会社を再生させたいと考えるのであれば，ぜひこの2つの施策を検討してほしい。

第3項　調査される側となった場合の協力

　これまで述べたとおり，リーダーは調査体制や調査スコープの決定にも関与する，いわば調査の絵を描く側の人物である。しかし，一方でどのような調査体制や調査スコープの場合においても，基本的にリーダーは調査される側でもある。

　リーダーは会社の企業風土と内部統制に大きく関わる存在であり，一方で企業風土と内部統制は企業不祥事の原因ともなり得る。そうすると，調査において誠実に原因分析を行うのであれば，（リーダーの法的責任や経営責任を問うことを目的とするか否かにかかわらず），企業風土や内部統制に対するリーダーの関わり方は調査事項となる。

　また，企業不祥事の中には，その端緒が過去にリーダーに対して報告されているケースもあり，そういった場合には「なぜリーダーは気づかなかったのか」「リーダーは気づいたけれど黙認したのか」といったことも調査事項となり得る。特に財務情報・財務報告に関係し得る企業不祥事の場合，監査法人はリーダーによる黙認の有無等を気にする傾向にある。第3編で述べるとおりアカウンティングとリーダーシップの関わりは深いことから，リーダーの関与・黙認の有無（極端な例としてマネジメントオーバーライドの有無）は監査法人にとって重要な関心事項となるのである。

　したがって，リーダーはヒアリング対象者となることもあるし，リーダーがやり取りしたメール等がデジタルフォレンジックの対象となることもある。リーダーは，調査の対象となることを不名誉に捉えるのではなく，必要十分な調査，マーケットへの説明のために必要なものと捉えて積極的に協力すると共に，調査妨害と誤解される行為を慎まないといけない。

─────── 第**2**章 ───────

調査報告書が
公表される前後の開示等

　企業不祥事の発覚後に迅速かつ的確な情報開示が重要となることは，これまでも強調されており，開示自体を差し控えようとする動きは減ってきたように思われる。しかし，そういった流れの中でもいくつか注意が必要な点があり，本章ではそれらを中心に取り上げたい。

第1項　調査報告書が公表される前の開示等

1　取引先等に対する情報提供

　たとえば神戸製鋼所の品質偽装において大量のリコールにつながる可能性が報道されたことがあるように，企業不祥事の内容によっては，回収や出荷停止等につながる場合もある。また，近年増加しているサイバー攻撃の中には，サプライチェーンを構成する取引先にまで被害（ウィルス感染等）が波及するものがある。したがって，リーダーは，まとまった段階での公表を待たず，どのタイミングでどの取引先等に対して何を伝えるか，を常に検討する必要がある。そして検討に際して顧問法律事務所等に相談することも考えられるが，そのような検討に長けたジェネラルカウンセル（最高法務責任者）を据えておく，と

いうのも一案である。

2　（特に，財務報告上重要でない）子会社における企業不祥事

　たとえば財務報告上重要ではない子会社における企業不祥事等については，そもそもJ-SOX上の評価対象でない会社であることにいわば「甘えて」，親会社において情報開示を行わないケース等はあると思われる。

　しかしそういった場合であっても，原因分析の内容を通じて過去の子会社管理の甘さが見えてきたり，再発防止策の内容を通じて今後の子会社管理の方針・意気込みが見て取れたりする等，非財務情報としての価値は大きいことから，リーダーとしてはマーケットを意識して積極的に公表することが望ましい。

3　マスコミ対応と経営者の弱点と勘所と

　大企業の大きな企業不祥事の場合には，調査の途中のマスコミにより様々な報道が行われることがある。たとえば第三者委員会の報告書に先立ってマスコミが調査の進展状況について日々報道した事例さえあり，会社としては報道自体を止めることはできない一方，報道を元に日々マーケットの反応を見ることになる。

　こうした場合，会社としては①事実と異なる報道があれば開示文で指摘する，②判明している範囲で調査状況を先んじて公表する，③リーダーやその周辺人物がマスコミ対応を行う，といった方法も考えられる。しかし，②公表するにしても，そもそも調査を調査委員会に委ねている場合，特に第三者委員会に委ねている場合には会社側で判明している調査状況だけを公表することに意味を見出しづらく，かえって混乱を招くだけである。

　また，③リーダーやその周辺人物がマスコミ対応を行うとしても，リーダーとしては①の対応のみでじっとこらえるしかないと思われる。それらの人物の知る調査状況が正しいとは限らないこと，一方で発言がインサイダー情報の公表と取られる可能性もあること，それらの人物も責任追及をされ得る立場であり少なくとも調査終了時まで自ら説明すべき立場ではないこと等からすれば，

リーダーやその周辺人物がマスコミ対応をするのも難しいのである。

　最後に，第1章第2項の調査スコープの設定の話とやや重なるが，調査の過程で新たに別個の企業不祥事が発見された場合にこれを取り上げず葬り去ろうとしても，匿名通報等といった形で世に知られることになるし，マスコミに情報提供がなされた場合等には，リーダーは隠蔽をしたとして，厳しい非難に曝されることになる。

4　調査報告書の要約，マスキング

　たとえば第三者委員会の調査報告書の場合，その起案権は第三者委員会に属することから，会社やリーダー側で調査報告書の内容を変えることはできない。

　しかし，調査報告書の要約版を公表する場合の要約や調査報告書のマスキングは通常，調査委員会側ではなく適時開示等を行う会社側で行うことが多い。このことから，会社側の要約やマスキングの方法次第で情報開示の適格性，透明度を下げることもできてしまう。しかし，関係各所に配慮してマスキングした結果，調査報告書本来の迫力が失われては本末転倒であり，会社として注意が必要である。

第2項　調査報告書が公表された後の開示等

1　調査報告書の開示後の，会社としての再発防止策の開示

　通常，調査報告書には調査委員会が提言する再発防止策が記載され，それ自体，会社にとってもマーケットにとっても重要な価値を持つ。

　しかし，そこに記載されている再発防止策が既存の会社の仕組みすべてを踏まえたものであるとは限らないし，記載の粒度も「提言」にとどまる以上，目的レベルまたは目的＋一定の手段のレベルであり，会社が今後実行する再発防止策とイコールではない。したがって，会社は調査委員会の提言を踏まえつつ，

細かな手段のレベルを含む再発防止策を決定する必要があるし，マーケットとしては会社としての再発防止策の開示を待っているのである。

この会社としての再発防止策の開示については，一度に細かいものを開示してもよいし，調査報告書の開示後に簡略なものを開示し，遅滞なく細かいものを開示してもよい。しかし，いずれにせよ，会社としての再発防止策は，企業不祥事後のマーケットへの説明の足掛かりとなる（IR説明会や再発防止策の進捗状況の開示等の前提となる）ものである。したがって，社内の限られたメンバーが読んで理解できればいいものとして作成するのではなく，あくまで投資家目線で作成することが必要である。

2　役職員等の処分に関する開示

第1編でも述べたとおり，役職員に対する処分の内容は，リーダーの企業不祥事の受け止め方や，今後企業不祥事を許容しない気持ちがどれほど強いかを示すメッセージとなる。そして当該メッセージは，社内の役職員のみならず，投資家も注視するものである。したがって，会社としての再発防止策だけでなく，役職員に対する処分の内容も遅滞なく開示することが望ましい。

―――――――――第**3**章―――――――――

再発防止策としての内部統制の構築

第1項　企業の健全な成長のための3要素―リーダーシップ・内部統制・企業風土のトライアングル

1　リーダーシップと内部統制・企業風土の関係性

　第1編では誤ったリーダーシップの一類型として「内部統制に対する無関心」があり，これにより内部統制が脆弱化する（強化されない）ことがある旨説明した。また，第1編では具体的な企業不祥事の事案を通じて，リーダーシップの発揮の仕方によっては（それ自体が単独で誤りでない）経営目標や人事制度等が悪い方向に化学反応のように結びつき，企業不祥事が発生しやすい企業風土となってしまうリスクについて説明した。

　これらの説明からも，リーダーシップと内部統制，企業風土の関係性は大まかに見えてくると思われるが，企業不祥事からの再生を目指す企業のために，今一度これらの関係性の整理を試みたい。

2　内部統制

　COSOによれば，内部統制とは，「業務の有効性と効率性，財務報告の信頼性，

コンプライアンスという３つの目的の達成についての合理的保証を提供することを意図した事業体の取締役会，経営者及びその他の構成員によって遂行されるプロセス」である。これを言い換えれば，リーダー等の経営層の目的が事業の有効性と効率性，財務報告の信頼性，コンプライアンスの３つ（まとめて言えば，企業の健全な成長，と言い換えられるだろうか）にある場合に，リーダーがこれら３つの目的につき思い描く図を達成するための仕組みが内部統制である。

　リーダーが目的を果たすためには，自らの思い描く図を組織全体において実現する必要があるが，組織が大きくなればなるほど，リーダーが植木一つひとつに水を遣るような形で浸透させることは難しくなり，仕組みに頼ることになる。

　ただし仕組みに頼るといっても，それはスプリンクラーのようなものであり，複数設置したとしてもカバーできない領域が生じ得る。したがって，リーダーはなるべく精緻な仕組みを検討することになる。

3　企業風土

　一方，企業風土とは，組織に属する者の行動に影響を及ぼすものである。仮にリーダーが自らの思い描く図を組織全体で実現する仕組みを作ったとしても，従業員等がそれに則して行動してくれるか否かは企業風土次第である。つまり，内部統制という仕組みも企業風土があって初めて機能するものであり，よき企業風土なき内部統制はいわば「仏作って魂入れず」の状態である。

　したがって，リーダーが目的を果たすためには，企業風土の維持改善も必要であるが，この企業風土は生き物のようなもので，リーダーの掲げる目標や人事制度等といった動き（メッセージ）を察知して変化し得る。したがって，リーダーは，仮に現在良好な企業風土が形成されているとしても，それが維持されるよう日々神経をとがらせる必要がある。

4　リーダーシップと内部統制，企業風土のトライアングル

　このように考えると，リーダーシップと内部統制，企業風土の関係は，リーダーシップを頂点とするトライアングルのようなものであろう。リーダーの目標は内部統制と企業風土という2つの（そして両方が必要な）受け皿を通じて初めて，企業の健全な成長という形で実現する。

【図表2－3－1】　企業の健全な成長

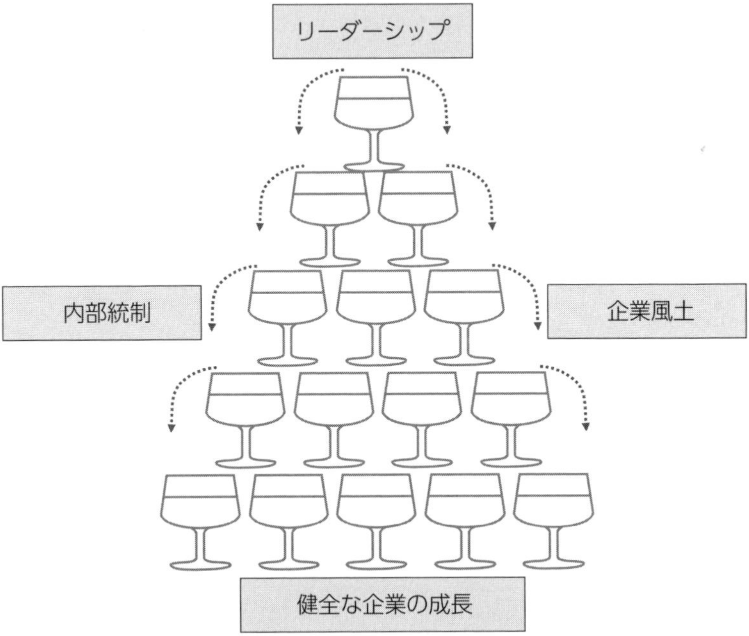

　これを企業不祥事からの再生の場面に当てはめると，第1編で紹介したとおり，外部調査委員会や第三者委員会から再発防止策として内部統制と企業風土について的を射た提言がなされることがあり，後は心を入れ替えたリーダー（場合によっては新たなリーダー）は新たな目標を設定するだけでいいようにも見える。

しかし，(i)これらの委員会からの提言は調査対象たる事案を念頭に置いた提言にとどまるし，(ii)ビジネス環境は提言がなされた後も日々変わり得ることからすれば，内部統制，企業風土いずれに関する提言も，いわば素材・ベースに過ぎない。リーダーは自社全体の環境を意識して内部統制と企業風土に関する再発防止策を具体化し，かつ日々手直ししていく必要があり，ここが企業不祥事からの再生における「ボトルネック」となる。そこで，本編では，リーダー目線で企業不祥事からの再生の手法を述べていく。

5　ガバナンスと内部統制

ここまで内部統制と企業風土について説明したが，企業経営の文脈ではガバナンスという単語の登場頻度が増え，ガバナンスの強化，充実の要請も高まっている。しかし，そもそもガバナンスの意味を，内部統制といった単語の意味と区別して理解しなければ，強化にも充実にも至らない。したがって，ここで一度，ガバナンスと内部統制の違いも説明したい。

東京証券取引所の定めるコーポレートガバナンス・コードによればガバナンスとは「会社が，株主をはじめ顧客・従業員・地域社会等の立場を踏まえた上で，透明・公正かつ迅速・果断な意思決定を行うための仕組み」を指す。つまりガバナンスとはリーダーの選定およびリーダーの意思決定時の仕組み，これまでの議論と紐づければリーダーがリーダーシップを発揮する「まで」の仕組みを指すのである。

取締役会に社外取締役を増やしたり取締役会の実効性を高めたりすることでガバナンスの強化が図られるとしても，ガバナンスの強化と内部統制の強化は別問題であり，リーダーとしてはガバナンスとは別に内部統制の強化に励まなければならない[3]。

一方，リーダーが内部統制の強化や企業風土の改善に向けた意欲・能力に欠

---

[3]　もちろん有能な社外取締役に内部統制上の欠陥を指摘され，改善を図ることにより内部統制が強化される，といったケースことはあり得るが，ガバナンスの強化＝内部統制の強化ではない。

けるということであれば，それを正すのはまさしくガバナンスの役割である。したがって，会社のガバナンスに関与する者，特にリーダーの選定に関与する者たちは，リーダーの内部統制や企業風土に対する考え方や取組みを注視し，時には考え方や取組みについて進言し，求められる水準に達していないと判断した場合には，リーダーの資質に欠けるとしてリーダーの選定を再考することになろう。

第2項　COSOモデルで考える内部統制システム強化のヒント

1　コミュニケーション（「情報と伝達」）はどんな組織でも重要

(1)　情報の流れは血流と同じ

内部統制システムの6つの要素の中で，最も重要であるのが「統制環境」で

【図表2-3-2】　「内部統制」とは

会社法上の内部統制，COSOフレームワーク上の内部統制は，不祥事予防，コンプライアンスだけにとどまらず，
あらゆるリスクに会社が対応していく強靭さ，業務の効率性にも関わる前向きな内容を含むもの
下記の①②③④で前向きに進んでいきたいが，⑤のモニタリングが有効に機能することが必要（3ライン・モデルなど）。そのために，経営陣が業務プロセスの大枠（フレームワーク）を理解していることは，きわめて重要。
　①　統制環境（コンプライアンス意識の向上）
　②　リスクの評価と対応
　③　統制活動（正しい業務プロセスの構築と運用）
　④　情報と伝達（情報が遮断されず，正しく伝わる）
　⑤　モニタリング（業務上のモニタリングと業務から独立して実施されるモニタリング）
　⑥　IT（情報技術）への対応

あるとしても，組織における情報の流れは，まさに身体における「血流」のごとく重要である。その意味で，内部統制システムにおける「情報と伝達」の要素は，組織が健全に機能する上で重要である。

(2)　指揮命令系統だけで十分か

　いわゆる「1人親方」や個人商店とは異なり，一定規模の組織が経営陣の指令を受けて適切に機能するためには，必要とされる情報が，組織の命令系統における上下，部門を超えた左右（横断的）に，常によどみなく行き渡らなければならない。これが当たり前にできてしまう組織があれば，それ以上の仕組み構築に意を払う必要はないわけだが，通常はなかなかそうはいかない。

　その意味で，通常のレポートラインにおける上司と部下との間の報告，連絡，相談だけでは，報告されるべき情報が埋もれてしまうことはよくある。ましてや，部門を超えた情報連携などは，組織が大きくなればなるほど難しくなることが通例である。

(3)　血流をよくするための工夫

　そのような場合における工夫として，部門を超えた意見交換の会議や直属の上司を超えた役員との「スキップレベル」ミーティングなどを会社が定期的な取組みとして実施することがある。それでもなかなか十分な情報が上がってこない場合には，匿名で相談できるルートを確保したり，公益通報者保護法に裏付けられた内部通報制度の信頼性を高めたりして，情報（声）が上がりやすい雰囲気を醸成していくことも効果的である。

　こうして血液の流れをよくして，常に組織が「腐らない」ように目配りする，それが経営陣にとって重要なことである。

【図表2－3－3】　リーダーへの現場の声のインプット

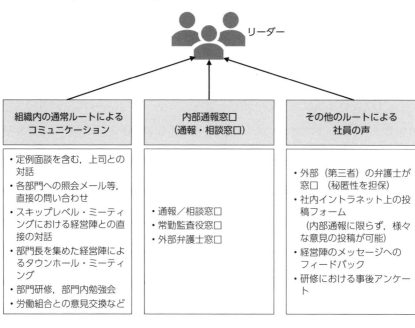

2　経営陣が果たすべき役割

(1)　最初にやるべきこと

　さて，時はまさに不祥事が公表された「どん底」，これからどう企業を再生させるか，といった局面にあると想像してほしい。この時，あなたは経営陣として，まず何から手をつけるべきか。

　徹底した事実調査，原因究明，関係者の処分，規制当局への対応，ステークホルダーへの説明など，課題は山積しており，取り組むべきことはたくさんある。もちろんそれらすべてを迅速かつ網羅的に進めていくわけであるが，忘れてはならないことが，経営陣として適切なメッセージ，誤解されないメッセージを社内に向けて発信することである。

　不祥事による経営陣の交代があってもなくても，企業再生を託された経営陣として，最初に社内に発するべきメッセージは，真摯に過去の非を認めて謝罪

することである。これがないと社員の納得感が得られないし，企業再生も始まらない。

(2)　「自らの言葉」と「洗練された第三者の言葉」

　問題のメッセージであるが，誰でも成功を語るのは誇らしくて楽しいが，謝罪となると思うようにはいかない。文章力に長けた人であればともかく，いきなり自分の言葉で適切に心からの謝罪ができる人は多くない。かといって，始めから専門家に謝罪文を書いてもらって自分は読み上げるだけ，というのも，真意は伝わりにくい。

　やはり一度は自分で四苦八苦して文章を書いて，それを専門家のアドバイスを受けながら手直ししつつ，自分の言葉として咀嚼するのがよいように思われる。

(3)　不祥事を繰り返さない決意をどう伝えるか

　その際，経営陣として不祥事を繰り返さない決意をどう伝えるか。真摯に謝罪することで，いかに「自分事」として不祥事の責任を捉えているかを伝える。そして，「自らが率先して変わる」という姿勢を示すことで，社員の努力の上にあぐらをかくような経営陣ではないことを明確にする。それにより，社員を新しい企業風土改革に導く基礎を築くこと，それが真のリーダーシップの発揮の仕方である。

(4)　経営陣に対する社員からの厳しい声にどう対応するか

　社員の中には，この時とばかりに経営陣を批判する向きも出てくることが予想される。そうした声は，前述の「情報と伝達」の趣旨に沿って，経営陣としてしっかりと受け止め，社内にフィードバックしていくことが大切である。決して社内へのマイナスの影響を恐れて，ネガティブな意見を封じるようなことをしてはいけない。情報の流れを健全に維持し，ネガティブな意見にも真摯に耳を傾け，改めるべきは改める，この繰り返しが健全な企業風土の醸成につな

がる。

【図表2－3－4】 健全な企業風土の醸成

謝罪　「自分事」化・自らが率先して変わる姿勢　批判的な意見を受け止めて改善　改善を続ける企業風土の醸成　モニタリング・PDCAサイクルを強化

(5) Institutionとは―経営陣が変わっても有効に機能する仕組みづくり

　MBAプログラムで学んだInstitutionという概念がある。機関とか機構とかと直訳されることが多い言葉であるが，この文脈では「仕組み化」という意味合いで用いることとしたい。MBAプログラムでは，国際政治経済の文脈で使われた言葉であるが，属人的ではなく普遍的に機能する仕組みという点で，企業内においても適用できると思う。

(6) 「仕組み化」の進め方

　具体的には，企業理念，目標，行動指針などを定め，社内規程を整備し，職務権限を明確にして意思決定過程を透明化することで，経営陣が変わっても，いわゆる「マネジメント・オーバーライド」が起きない体制が出来上がる。

　たとえば，改革に意欲的だった社長が変わった途端に，せっかくの内部統制システムが無効化されるような危機的な事態を避けることができる。こうした仕組みは，ガバナンスの強化や経営陣のサクセッションプランの整備，改革へ向けたPDCA（Plan, Do, Check, Action）を継続する企業風土の醸成などを通じて，さらに堅固なものとすることができる。目指すべきは，こうした「仕組み化」である。

3　三様監査が会社を強くする

(1) 「三様監査」とは

　「三様監査」という言葉をよく耳にするようになった。監査役監査，外部監

査，内部監査を総称してこのように呼ばれるが，事柄の本質は，これら各監査主体による連携の重要性である。

(2)　内部監査の重要性

　中でも，内部監査が脆弱であると，不祥事は起こりやすい。世の中に定着している「3ライン・モデル」の考え方によると，内部監査は，第3ラインとして，内部統制システムにおける最後の砦である。

　社長直轄組織として，客観性，独立性が確保された内部監査部門が健全に機能し，より専門性の高い監査役監査，外部監査と常に連携がなされていれば，不祥事を未然に防止できる可能性が高まる。万一不祥事が発覚した場合でも，その後の対応が迅速かつ適切に行える。

【図表2−3−5】　三様監査について

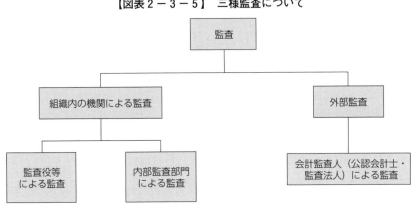

投資家と企業の対話ガイドライン
　監査役は，業務を適切に行うとともに，適正な会計監査の確保に向けた実効的な対応を行っているか。監査役に対する十分な支援体制が整えられ，監査役と内部監査部門との適切な連携が確保されているか。

(3)　内部監査部門は次世代経営陣の登竜門

　こうした内部監査部門が次世代経営陣の登竜門となることは想像に難くない

が，実はこのような考え方は，まだまだ一般的に浸透していない。

　エンロン事件がガバナンス・内部統制システムに大きな影響を与えた2000年代から，すでに内部監査部門にエース級人材を投入してきた大企業はあったが，それから20年近くを経た現在においても，内部監査部門を「必要悪」のように捉え，フロント部門で十分に成果を発揮できなかった人材を次々に送り込んで，内部監査部門の機能と人材の意欲を削いでいる経営陣が後を絶たない。

　不祥事を防止する自らの大事な組織と人材をないがしろにする経営陣が，事業を成功に導けるわけがないことは，ほぼ自明であるように思われる。

⑷　これからの経営陣に期待されること

　内部監査部門の重要性を理解し，必要な人材を質と量（人数）の両面から充実させ，内部監査で得られた情報を経営陣が十分に有効活用している組織においては，より専門性の高い（社外）監査役や会計監査法人とのコミュニケーションもうまくいく。それにより，ガバナンス・内部統制システムの強化にとどまらず，事業そのものの成長性に示唆を与えるような議論もできるわけである。

　業務監査，会計監査に精通した外部専門家から得られる知見を，自らの事業成長に活かすことができる，これこそが経験と勘のみに頼らない，グローバルに通用する戦略的経営の一例ではなかろうか。

第3項　戦略的管理

1　WBSとは

　ここでは，少しテクニカルなことも含めた実務面の話をする。Work Breakdown Structure（WBS, 作業分解構造化手法）という施策管理ツールを紹介する。
　WBSとは，数か月から1年といった比較的中長期にわたる一定期間にわた

る施策遂行について，実施すべき事項を細分化し，それぞれのスケジュールと
実施責任者を明確化する一覧表のことである。特に，部門横断的にプロジェク
トを発足させて施策を遂行する場合には，不可欠と言える。

　こうした施策遂行は，経営陣が自ら手掛けることばかりとは限らないが，た
とえば，大組織で特定の部門にミッションを与えて実行させるような場合で
あっても，経営陣として基本的なフレームワークを把握しておくことは重要で
ある。なぜなら，経営陣がそれを把握しないまま権限移譲のみを行うことにな
ると，たいていの組織は，「白紙委任」のような状態（内部統制システムの要
素に照らしていうと，「モニタリング」が脆弱な状態）となり，経営陣による
コントロールが有効に機能しないため，機能不全に陥ってしまうことになる。

　これも，「いまさらフレームワークを勉強する気になれない」といった心境
の経営陣が少なくないため，一般によく見られる現象である。ご留意されたい。

【図表２－３－６】　「内部統制」とは　※再掲【図表２－３－２】

会社法上の内部統制，COSOフレームワーク上の内部統制は，不祥事予防，コ
ンプライアンスだけにとどまらず，
あらゆるリスクに会社が対応していく強靭さ，業務の効率性にも関わる前向き
な内容を含むもの
下記の①②③④で前向きに進んでいきたいが，⑤のモニタリングが有効に機能
することが必要（３ラインなど）。そのために，経営陣が業務プロセスの大枠
（フレームワーク）を理解していることは，きわめて重要。
　①　統制環境（コンプライアンス意識の向上）
　②　リスクの評価と対応
　③　統制活動（正しい業務プロセスの構築と運用）
　④　情報と伝達（情報が遮断されず，正しく伝わる）
　⑤　モニタリング（業務上のモニタリングと業務から独立して実施されるモ
　　　ニタリング）
　⑥　IT（情報技術）への対応

⑴　スケジュール管理は必要か

　仕事の進捗管理は難しい。学生の頃から勉強のスケジュール管理といったも

のはあり，それが得意な人，苦手な人それぞれいると思うし，スケジュール管理が上手な人が必ずしも学業の成績がいいとは限らない。しかし，仕事では，あまりにスケジュール管理は当然のこととなりすぎて，それなしに，「黙って成果を見守っていてください」というわけにはいかない。

　その一般的な方法論としては，WBSがよく利用されている。

(2)　WBSに記載すべきこと

　WBSによる管理は，経営陣が施策遂行をモニタリングするための重要な仕組みである。前述したとおり，部門横断的にある程度の期間にわたって段階を踏んで完了させなければならないような，いわばプロジェクト的な仕事は，WBSで管理するのが定石である。

　WBSには，1つの施策遂行について，①それを構成する複数のタスクに細分化し，②それぞれのタスクをいつまでに完了するというスケジュール（計画および実績）と，③タスク間の相関関係を記載する。

　具体的なフォーマットなどについての解説は他の文献に譲ることとして，ここでは，経営陣として捉えておくべきこと，すなわち，WBSというツールで管理することの有効性と，WBSに盛り込むべき主な要素（前述の①から③まで）を理解しておいてもらいたい。

(3)　WBS運用上の留意点

　WBSの運用で失敗しないためには，①細分化したタスクが網羅的であるか，②それぞれのタスクの完了スケジュールの実現性が十分か，③タスク間の相関関係に漏れがないかといった点を入念にチェックしながらWBSを作成することが必要である。

　次に，作成した内容と進捗状況を，タスクの実行者とは別の人間（部門）が客観的にチェックしてモニタリングすること。

　最後に，個々のタスクに遅延が発生した場合には，タスクの実行者とは別の人間（部門）がアラートを挙げて，タスクの実行者とともに原因を特定し，対

【図表2－3－7】　WBSに盛り込むべき主な要素・運用上の留意点

■WBS作成上の留意点
① 　1つの業務を複数のタスクに細分化
② 　各タスクの完了スケジュール
③ 　タスク間の相関関係

■WBSに盛り込むべき主な要素
① 　細分化したタスクが網羅的であるか
② 　それぞれのタスクの完了スケジュールの実現性が十分か
③ 　タスク間の相関関係に漏れがないか

応策を検討し，必要に応じてスケジュールを引き直すといったきめ細かい対応が必要となる。

2　誰が管理するか

(1)　管理主体

　前述したように，WBSは，タスクの実行者とは別の人間（部門）が管理することが基本である。これは，タスクの実行者自らが管理したのでは，いわゆる自己管理となり，スケジュール管理が甘くなることが懸念されるためである。

(2)　より望ましいモニタリング体制

　さらに，企業における説明責任の観点からは，タスクの実行者とは別の人間（部門）が管理した上で，その上位の会議体（経営陣が参加するものであればなおよい）に週1回なり，月1回なり，あらかじめ決められた頻度で報告を挙げる体制の構築が望まれる。こうした体制を構築することで，責任の所在が明確となり，万一遅延が発生した場合のリカバリープランの策定やその説明責任も十分に果たせることになる。

【図表2－3－8】　モニタリング体制の例

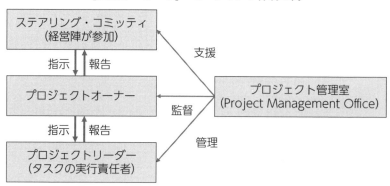

3　PDCA─継続的な取組みとするために必要なこと

　WBSは，一度作成して終わりというものではない。細分化したタスクに遅れが生じた場合の対応はもちろん，そうではなくても実行の過程で，業務（施策）そのものを改善すべきことが明らかとなった場合にも，軌道修正を図らなければいけない。

　また，次年度に継続して実施する場合にも，それまでの取組みを評価して，必要に応じて改善を行った上で再度実行に移すというPDCAを回すことが重要である。

──第**4**章──

改善（状況）報告書対応から見る
マーケット目線とは

第1項　改善報告書および改善状況報告書の書き方

　東京証券取引所に上場している会社が適時開示に係る規定に違反した場合または企業行動規範の「遵守すべき事項」に違反した場合において，改善の必要性が高いと認められるときには，当該会社はその経過および改善措置を記載した改善報告書を提出することになる。また，当該会社は，改善報告書を提出した場合，提出から6か月経過後速やかに，改善措置の実施状況および運用状況を記載した改善状況報告書を提出することになる。

　これら改善報告書も，その後に続く改善状況報告書も，記載すべき項目は決まっている。「提出経緯」，「改善措置」および「改善措置の実施状況・運用状況」は必ず盛り込むべき内容である。実際には，本社企画部門の人材が経営陣を補佐して書き上げることになると思うが，経営陣として内容を把握していないというケースは論外である。

　報告書を提出する前には，取引所自主規制法人が来訪してヒアリングや文書の閲覧を行う「実査」も行われる。代表取締役社長をはじめとして，主要な業務執行責任者や監査役にもヒアリングが行われる。改善報告書や改善状況報告書のドラフトには当然目を通している前提でヒアリングが行われるので，事務

方に任せきりで，報告書記載事項とちぐはぐな答弁をするようなことでは，経営陣としての姿勢を問われることにもなりかねない。

　リーダーシップを発揮して，経営陣としてビッグピクチャー（ビジネスの全体像）の視点から，ポイントを押さえた答弁をすることが期待されている。

1　原因分析をしっかり書く

　「改善措置」の記載項目では，いきなり改善措置を書くわけではない。まずは，しっかりと原因分析を行い，それを記載した上で，その原因課題を解決するための改善措置（再発防止策）を記載する。というのも，二度と同じ失敗を繰り返さないためには，根本原因を特定しなければ，適切な対策も打てないからである。

　原因分析が根本原因の特定に至っているかについては，社内で何度も検討を重ねる必要がある。ここがいい加減では，その後に改善措置をどれだけ策定してみても，本質的な問題解決にはならない。マーケット目線で言えば，「根本原因を特定して，それに対する適切な改善措置（再発防止策）となっているか」という点がきわめて重要である。

2　再発防止策をどう書くか

　根本原因を特定したら，その原因課題をどう解決するかが次の論点である。原因課題を解決することを「目的」として明記し，その目的を達成するための取組みを具体的に書くことになる。その際にベースとなるのは，第3章第3項で前述したWBSである。

　「具体的に」ということは，5W1Hを明確にするということである。中でも最も重要な点は，「誰が」（責任主体）を明確にすることである。責任主体があいまいになっていると，結局その取組みは実行されない。実行しなくても誰も責任を問われないことになるからである。これらは，WBS作成の段階で，すべて明確にしておくべきものである。それらがWBSに明記されていれば，それらを改善（状況）報告書の形式で記載するだけである。

　また，取組みのモニタリングについても，あらかじめ想定し，記載しておくことが望ましい。取組みをやみくもに実施するだけでは，原因課題の解決にはつながらないことが多いからである。そして，どのような評価基準でモニタリングをすれば，その取組みの実効性を判別できるかが知恵の絞りどころである。できれば，Key Performance Indicator（KPI）のような客観的，定量的基準を設けることが望ましい。そして，KPIもまた，WBS作成の段階で明確にしておくべきものである。

　最後に，その取組みを実施することで，本当に目的が達成できるのか，もう一度確認をする意味で，その取組みにより達成できることを記載する。こうすることで，「目的」→「具体的な取組み」→「それにより達成できること」という一連の流れで，改善措置を記載することができる。

3　こんな書き方はわかりにくい！

　たとえば，改善措置として，以下のような取組みを記載したとする。

＜修正前＞

　「○○会議において，質問が出た場合は，関係者に対して情報共有やフォローアップを行う。」

　これでは，具体的に，どのように取組みを行うのかがわからない。マーケット目線で考えたときに，このようなあいまいな記載を取組みとして掲げるのだとすれば，取組みに対する経営陣の本気度が疑問視され，企業経営に対するマーケットの信頼を損ねる結果となろう。

　具体的な取組みとして評価されるためには，少なくとも以下の点を明らかにする必要がある。

- この取組みの目的は何か。
- 「○○会議」とは，どのような位置づけで，何に規定されているものなのか。

- 取組みの責任主体は誰か。
- 「関係者」とは誰か。
- どのように情報共有するのか。
- フォローアップはどのように行うのか。
- この取組みによって達成される期待効果は何か。

上記の点を明らかにした記載例としては，以下のようなものが考えられる。

＜修正後＞

「取締役による実質的な議論が尽くされるようにするため，○○会議規程において月1回実施することと定められた○○会議において，参加者である取締役から議案に関する質問が出た場合は，次のように取り扱う。

　○○会議を管掌する取締役は，会議運営事務局に指示して質問事項を取りまとめ，○○会議の参加者である取締役に対して，電子メールまたはその他の手段により，その内容を情報共有するとともに，直近に開催される○○会議において，その回答について説明する。欠席者に対しては，電子メールまたはその他の手段により，その内容を情報共有することでフォローアップを行う。

　こうした取組みを継続することで，取締役が議案の背景・内容を十分に理解し，議論を尽くして経営判断が行える。」

　＜修正前＞と＜修正後＞を比較すれば一目瞭然であるように，取組みの具体性が格段に上がっている。ポイントは，ここまで具体的に記載して初めて，継続的な取組みにつながるということである。マーケット目線では，「どんなに立派な改善措置を講じたとしても，それが一過性に終わるのでは意味がない。取組みは継続して初めて，実効性が生まれる。」ということを常に念頭に置いておくことが重要である。

4　規制当局とのコミュニケーションにおける心得

　ビジネスは，資本主義市場における公正な競争の確保などに始まり，消費者保護，投資家保護からステークホルダーの保護に至るまで，規制が必要とされる場面がある。規制があるところ，それが中央官庁であれ，外局であれ，地方自治体であれ，自主規制法人であれ，規制の主体が存在する。そのため，ともすると，規制は，規制主体である「お上」が定めたもので，ビジネスの主体は，むしろ規制を受ける「客体」として，「お上」に言われたからそうするといった受け身の姿勢が見受けられることがある。

　一例として，「規制当局に言われているから，こういう対応を行っている」というようなことを，お客様や取引先に説明すると仮定しよう。この説明は，根本的に間違っている。規制がある場合に，その本旨を理解し，それを遵守しながらビジネスを行うことは，コンプライアンスの観点から当然だからである。また，本旨を理解した上で，どう行動すべきかを考えて決断する責任がビジネスの主体にあることも論を俟たない。

　それにもかかわらず，「規制当局に言われているから」というような言い方をするとすれば，それは責任逃れ以外の何物でもない。リーダーであるべき経営陣（特に経営トップ）が，こうした姿勢や言動を見せるようなことがあれば，そのような企業は，マーケット目線からも全く信用されない。ひいては，お客様の信頼も失うことになってしまう。

　そのため，規制当局との折衝業務担当は，お客様や規制当局との日常的なやり取りの直接的な相手方になることが少ない経営トップが，万が一にもそのような言動を取ることがないように，常に細心の注意を払って，経営トップへの正しい情報のインプットを行う。

　経営トップとなる人材は，自らのビジネスについては精通していても，規制当局との折衝業務経験が豊富とは限らない。重要な場面でこそ，マスコミからの取材や，規制当局からのヒアリングに臨むこととなる経営陣（特に経営トップ）は，常日頃から規制当局との折衝業務担当とコミュニケーションを密にし，

直接のお客様だけではなく，広く社会全般から今何が求められているのかについての正しい肌感覚を身に付けておく必要がある。

　要は，ビジネスの主体が，自ら何をなすべきであるか，自分の頭で考えることがマーケット目線で強く期待されているのである。

5　再発防止策を継続するための仕組み

　再発防止策は，策定して終わりではない。策定し（Plan），実行し（Do），改善点を見極め（Check），より実効性のある施策を導入する（Action）のサイクルを回ることが必要である。そうでないと，いつの間にか，再発防止策が形骸化し，実行されなくなり，ついには忘れ去られて，不祥事を繰り返すということになる。これを防ぐための，企業風土改革の側面（ソフト面）からのアプローチについては，後述する。ここでは，再発防止策の継続的実行の仕組みづくり（ハード面）について，補足する。

　具体例を挙げよう。「情報と伝達」を充実させるために，部門横断会議の定期開催を施策として掲げるとしよう。しかし，非公式な会議で定期的に情報連携を行うということでは，継続的な取組みにはならない。問題点は，以下のとおりである。

- 非公式では，強制力が働かない。
- 目的も曖昧で，何を議論して，どんなアクションにつなげるのかが不明確である。
- 開催頻度も不明確である。

　したがって，このような会議体を設置しても，いずれ（早ければ半年も経たないうちに），この施策自体が消滅してしまう（または形骸化して目的意識もなく惰性で実施される）ことは明らかである。

　これを防ぐためには，以下のように，あらかじめ施策内容を明確にしておくことである。言い換えれば，PDCAのサイクルを意識し，Checkの内容を想定

しながら，Planを策定することである。

- 会議の職務権限規程上の位置づけを明確にする。
- 会議の目的，参加者，開催頻度および主管部署を規程化する。
- 会議で決めたアクションのモニタリング方法を明確にする。

　このような施策の定め方が身に付いている企業においては，再発防止策が形骸化して実行されなくなり，風化して，不祥事を繰り返すことは考えにくい。いわば，「過去の不祥事から適切に学ぶことのできる企業」へと進化するのである。

第2項　改善状況報告書以外での再発防止策の進捗状況の説明

　第2章で述べたとおり，改善状況報告書の中で再発防止策の内容や進捗状況の説明は大きな意味を持つが，改善状況報告書以外の場で再発防止策の進捗状況を説明してはいけない，という道理はない。むしろ企業不祥事からの再生に向かって真剣に取り組んでいることを示すために，自社ウェブサイト上で再発防止策の進捗状況を説明するといった手法は珍しくない。

　しかし，定期的な進捗状況の説明という予定に引きずられて，再発防止策の遂行に悪影響を与えないように注意する必要がある。今後構築する仕組みによっては，一歩間違えば別の箇所に歪みが生じて別の企業不祥事のリスクが生じるから，むやみに急いでは本末転倒である。対外的な説明予定ばかりを気にして，本来的に時間を要する取組みについて，形式的にWBS上のタスクを進めるような状況に陥ってはいけない。

――――――――――――――― 第**5**章 ―――――――――――――――

IR・株主総会

第4章で述べたとおり，再発防止策をテーマとした開示を行う場合がある一方，それ自体がテーマではない場で説明を行うこともある。そこで，再発防止策について触れることが想定される例を2つ挙げ，対応方法を紹介したい。

第1項　中期計画との連動

　情報開示とも関連するが，非財務情報をできるだけ中期計画に盛り込むことで，経営陣に対する対外的な信頼は高まることが期待できる。また，企業不祥事に対する再発防止策やガバナンス・内部統制システムの強化，企業風土改革に関する取組みは，いずれも非財務情報がほとんどであるが，それらを明確に中期計画に盛り込んで情報開示することで，経営陣による対外的なコミットメントになる。これは，風化させない仕組みとして機能するし，対外的なコミットメントをすることで経営陣のリーダーシップに対する信頼が高まり，株価上昇にもつながることになる。

第2項　株主総会

1　自分の言葉で語ることの重要性

　企業不祥事の発生後の最初の株主総会では，株主から企業不祥事に関する質問が相次ぐことが予想され，事案の概要，原因分析，再発防止策等の要素に分けて想定問答を用意していくことになる。基本的には調査報告書や会社の作成した再発防止策を踏まえて想定問答を作成することになり，そういった準備の必要性自体は否定しない。

　しかし，わざわざ株主総会に来て企業不祥事について質問する株主が，事務局の作成した回答を読み上げることを望んでいるのだろうか。事案の概要もルートコーズも今後の取組みも，開示資料を読めばわかるし，それを超える情報が株主総会での質問への回答で示されるとは株主も思っていないだろう。それにもかかわらず，株主が敢えて質問をしてくるのは，回答者自身が今回の企業不祥事をどのように捉えているかを，回答から感じ取りたいと考えているからに他ならない。

　したがって株主総会までに，社内外，取締役か監査役かを問わず役員一同，それぞれ自らの中で企業不祥事に関する考えをまとめ，自分の言葉で語れるよう準備しておく必要がある。それはマーケットという試験官を意識した訓練の側面も有するが，株主総会前に再度企業不祥事について一通り振り返るよい機会となろう。準備にあたって，役員同士，自らの考え方を披露しあってもよいし，そこで個々人で捉え方，どこに重きを置くかにも差異があっても構わない。それぞれが自らの考え方を持つことが必要である。

2　企業不祥事後の処理に関する質問

　また，企業不祥事の後には，役員や従業員の処分，役員の損害賠償責任（善管注意義務違反の有無）の検討，関与者に対する損害賠償請求の検討といった

ことがなされることになり，株主総会でそういった事項に関する質問がなされ
ることがある。

　これらの事項について株主総会までに方針を決定しなければいけない，とい
うルールはない。しかし，第1編でも多少触れたように，関係者の処分や事後
的な損害賠償請求の検討は，リーダーの企業不祥事に対するメッセージともつ
ながり得ることから，株主は興味を持っていることが多い。したがって，最終
的な回答は抽象的なもの，通り一辺倒なものにならざるを得ない場合もあるに
せよ，リーダーを中心にプロセスを踏みながら検討している，という姿勢を示
すことが好ましい。

第**6**章

有事でない企業への「学び」の観点
（まとめ）

第1項　マーケットからの信頼を得るための見本とする

　以上，危機管理時に見る，マーケット目線を持ったリーダーシップについて述べてきたが，有事でない場合，企業において平時からの危機意識はなかなか持ちえないのが現実だ。では，企業は，この学びをどう活かすのがよいだろうか。

　たとえば簡単なところでいえば，第1章で述べた話は平時から手順を意識した方が好ましいから，危機管理マニュアル等に反映していく，ということが考えられる。

　しかし，より抽象化して考えると，第2章や第4章で述べたことは，マーケットからの信頼が（企業不祥事の発覚により）最も低い状態の企業がいかにしてマーケットの信頼を取り戻していくか，ということである。何らかのリスクが見えている，現状はよくない会社であるにもかかわらず，マーケットに今後どのようにして安心してもらうための「技法」は，有事でない企業にも応用できるはずである。なぜなら，有事でない企業においても，様々なリスクに対してどのように対処していくかを示し，マーケットからの信頼を勝ち取っていく必要がある点は変わらないからである。

　たとえば，有事でない企業であっても，IR目的で投資家向けにアニュアルレポートやCSR報告書，統合報告書といったものを公表することがある。そこでは，内部統制・リスク管理・特定の問題への取組み方針等を記載することも多く，改善状況報告書と記載内容が重なる部分もあるが，その記載の粒度・クオリティは千差万別である。そういった中，精緻に作成された改善状況報告書を見本とするというのはどうか。第3章や第4章で述べた工夫が反映された改善報告書を見本とし，自社の組織の実態（内部統制や企業風土）を改善し，かつ報告書という形にまとめることは，組織強化とIR強化に確実につながっていく。

　さらに視点を変えると，有事を経験した企業は原因分析や再発防止策を踏まえて成長していく可能性がある。様々な企業が大なり小なり不祥事と再発防止策（の開示）を経て投資家からの信頼を取り戻してきたとき，（たまたま）有事を経験していない企業はかえって「埋もれてしまう」可能性もあるし，たくさんの見本があるのにそれを見本にせず，後々企業不祥事が発覚すれば，「この程度のこともやってこなかった」等と批難されるおそれも出てくるのである。

　企業不祥事が発覚した企業と有事ではない自社を別物と捉えず，今の持ち点（信頼）の高さ・低さの違いしかない（しかも将来は逆転され得るライバルである）と捉え，アプローチの中で利用できるものは利用してマーケットの信頼を勝ち取っていく，というスタンスが，今後のESG投資の時流にも合っていると思われる。

第2項　組織再編やビジネス再編の参考にする

　たとえば上場企業の企業不祥事を見ていくと，必ずしもその企業の中核とはいえない部門や子会社における企業不祥事，主要とはいえないビジネスにおける企業不祥事もある。そして，企業不祥事の発覚を機に組織再編やビジネス再編に動くこともある。

　第2編第2章第1項2で，財務報告上重要ではない子会社について，J-SOX上の評価対象でない会社であることにいわば「甘えて」しまう例を述べたが，これは一例に過ぎない。中核ではない，重要ではない子会社や部門，ビジネスについて，内部統制やリスク管理どころか，ビジネス的な判断（たとえばいっそ当該ビジネスを止めた方がいいのか）もなおざりになって漫然と前例踏襲している，という話はどの企業にも大なり小なり当てはまるであろう。言い換えれば，事業ポートフォリオをあらゆる角度から検討せず，何らか経営の不作為がある場合に，それが企業不祥事という形で表れているだけに過ぎず，経営問題としてはどの会社にも内在するのである。

　企業不祥事という法的問題になるケースと，管理不足・不採算等といった経営問題になるケースで区別することは適当ではない。経営の不作為により管理不足・不採算等を放置すること，事業ポーフォリオをあらゆる角度から検討しないことは，投資家からすれば企業不祥事と同様に許されざるものである。投資家は経営資源とその正しい活用を経営者に委託しているところ，経営資源の最大効率化を追求さえしないという態度は投資家への裏切りである。

　社会全体から見ても勿体ない。経営問題についても「甘え」「なおざりにする精神」という点から見ていけば，企業不祥事とその後の対応は，組織再編やビジネス再編といったビジネス上・IR上も重要な問題のヒントとなろう。むしろ，そうしたヒントを得ずに漫然と経営を続けた場合には，企業不祥事からの立ち直り時に事業ポートフォリオの検討までブラッシュアップした企業に，追い抜かれてしまう可能性すらある。

第 **3** 編

企業風土改革と
リーダーシップ

　第2編では再発防止策としての内部統制の構築について説明したが，企業の健全な成長のためには内部統制を構築するだけでなく，リーダーシップの醸成とよい企業風土が欠かせない。本編では，企業不祥事からの再生のための「企業風土改革」とリーダーシップ（の醸成）について述べていきたい。

第**1**章

そして企業風土改革

第1項　企業風土とは何か

　企業風土とは目に見えないものである。目には見えないが，現前と企業に存在しているものである。社員としてであれ，来客としてであれ，その企業に足を踏み入れたときに感じる「雰囲気」がある。人間の集合体である企業として一つの雰囲気を形作るとき，それを企業風土という。

　企業風土を組織風土と言い換えれば，それはあらゆる人間の集合体において存在している。その組織の共通の目的，趣味，価値観などによって，おのずと形作られるものであるため，共通の目的，趣味，価値観などがあれば組織風土が存在し，それらが異なれば，組織風土も異なるのは自然なことである。

　世間が企業のサステナビリティに対する意識の高さに関心を持つようになって，直接目に見えない企業風土を，目に見えるパーパス（存在意義）という形で表現して，経営に活かす企業が増えてきている。こうしたいわゆる「パーパス経営」は，企業に働く社員にとって，経営陣と価値観を共有して自らの役割を考えやすくなるため，一体感を醸成し，企業がユニークな方向性を示しやすくなるという点で，企業風土にもプラスに影響する。

　人材やお客様が企業にもたらしてくれる価値は，必ずしもROIC（Return on

Invested Capital）といった定量指標だけでは測りきれない，非財務資本を企業価値に結びつける上で，重要な役割を果たす。その意味において，健全な企業風土の醸成や企業風土改革は，企業価値を向上させるための前提条件とも言える。

【図表 3 － 1 － 1 】　企業風土とは

企業風土は，組織目的の達成に大きな影響を持つ。

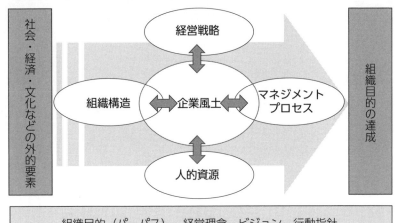

1　企業不祥事の原因となる企業風土

　最近の企業不祥事の調査報告書を読むと，原因の根底には企業風土の問題があると指摘されているケースが散見される。企業風土は，目に見えないかたちで長年にわたって形成されるものであるから，すぐに変えることは難しいし，どこをどう変えればうまくいくのかも，なかなかつかみどころがないのが現実である。

　だからといって，企業不祥事を生むような悪しき企業風土を放置すれば，また同じ過ちを繰り返すことにつながる。企業の健全な発展に望ましくない企業風土が一度形成されてしまうと，そこから立ち直ることがいかに困難であるか

については，名だたるかつての優良企業群が，度重なる企業不祥事にあえぐ姿を見れば，一目瞭然である。以下では，中でもよくある悪しき企業風土を取り上げてみた。

　ただ，留意すべきことは，企業風土は，そこに属する一人ひとりの社員の言動に立ち現れるものであるが，それらはすべて経営陣のリーダーシップによって大きく影響を受けて醸成されてきたものであるということである。逆に言えば，経営陣が適切にリーダーシップを発揮し続ければ，悪しき風土を改革することは不可能ではないということである。

①　現状維持マインド

　過去のビジネスの成功に極端に依存している企業において，よく見受けられる傾向として，強い「現状維持マインド」が挙げられる。これは，何か新しいことをやろうとするときに，現状を変革する提案がなされると，とたんに「否定」から入る姿勢のことである。

　提案に対して，「現在の成功要因である○○のプロセスが成り立たない」，「営業が納得しない」，「担当役員の了解を得るのが難しい」，「リソースが足りない」などと，「できない理由」をいくつも並べ立てて，提案をつぶしてしまうやり方である。企業風土改革の側面において，まさに旧守の権化として，いわゆる「抵抗勢力」の萌芽とも言えるこの姿勢（風土）は，徹底的に撲滅を図る必要がある。

　さもなければ，この悪しき「現状維持」の風土が，企業を奈落の底へと突き落とす原動力となってしまう。日々「現状維持」の言動をしている本人たちが，その恐ろしい結末を想像できていないところに，企業風土の根深さがある。

②　責任感の欠如または責任感の拡散

　上記①とセットで現れる傾向として，責任感の欠如が挙げられる。本社の重要機能を担う部門のヘッドが，難しい判断を迫られると，「それは経

営陣が決めること」などと言って，判断を回避しようとする逃避行動である。経営陣の指示に基づいて執行を担うのが，特に本社の重要機能を担う部門のヘッドの役割である。

　「経営陣が決めること」なのであれば，その「意思決定」をサポートする提案を行うことが求められる。しかるに，何ら提案も行わず，一切の意思決定プロセスへの関与を躊躇するような姿勢は，責任放棄と受け取られても仕方ない。

　これと同様のことは，複数の責任者が，難しい判断の側面において，関連情報だけをお互いに共有して，結果として何の行動も起こさない（何ら経営判断のサポートにもつながらない）逃避行動にも当てはまる。これを「責任感の拡散」と呼ぶこととしたい。

　企業風土改革の側面において，こうした責任感の欠如または責任感の拡散も，まさに企業風土改革を阻むものとして，徹底的に撲滅を図る必要がある。

③　「井の中の蛙大海を知らず」と排他的マインド

　時に経営陣が，社内の人材プールの中だけから，企業風土改革のリーダーシップメンバーに人材を登用しようとすることがある。経営スキルに関する研修が充実しているなど，将来の幹部育成プログラムが整備されている企業であれば別であるが，そうではない企業においては，単なるOJTの積み重ねと，運と巡り合わせにも支えられた高い社内評価で，それなりの部門のヘッドに就いている人材が少なからずいる。

　そういう人材は，自らのプライド意識が妨げとなって，新しいことを学ぼうという姿勢に乏しいことがある。さらに，外部からの専門的なアドバイスに対しては，きわめて排他的な態度を示すこともある。これでは，せっかくの新たな手法や考え方を導入する機会を逸してしまう。

　こうした人材が改革を率いると，まず間違いなく失敗する。企業風土改革という，企業のその後の命運を左右する重要局面において，取り返しの

つかない結末に企業を導いていることに本人たちは全く気がつかない。これでは，企業風土改革が頓挫することは火を見るより明らかである。

　その意味で，経営陣が企業風土改革の推進役に適任者を据えることと適切なリーダーシップの発揮というものは，その後の企業の成長に直結するだけに，きわめて重要である。

④　「先送り」マインド

　どんな組織でも，不測の事態もあるし，業務は次々に発生して，Going Concern（継続的に事業を営む組織）としての性質上，仕事がすべて「終わる」ということはあり得ない。まして改善というものは，あくなき改善が事柄の性質上本質であって，改善課題は次々に出てくることが通例である。

　こうした課題に対する解決策を検討・実施するに際して，優先順位をつけられない，またはわざと優先順位を判断しようとしない社員が多い組織に遭遇することがある。

　なぜこのようなマインドが醸成されるかと想像するに，「やりたくない」，「できない」と言う代わりに，改善に取り組むふりをして，結局はあまりに多岐にわたるので，それを短期間では何一つ実現できないことの言い訳にする発想である。

　スケジュールを引くときに，責任者が施策の完了時期を「数年後」などと平然と言ってのけるような場合も，同様の発想と推測される。さらにひどい組織になると，そういう言動の主が，無意識的にこのような「先送り」マインドに陥っている場合がある。

⑤　縦割り意識

　これは数多の企業・組織に見受けられるものであるが，内部統制システムにおける統制活動の設計上，適切に権限移譲を行ったはずの縦の命令系統間において，ライバル意識や部門長の競争意識が高じて，本来あるべき

部門間の連携がなくなり，社員が部門利害ばかりを考えて，企業の全体最適を見失ってしまうことがある。

　極端なケースでは，部門の利益を充足するためには，企業（株主）の利益を損なっても構わないという異常な思考様式が，組織全体にまん延してしまうようなことも考えられる。世の中で報道される企業の大規模不祥事の背景には，多かれ少なかれ，この悪しき企業風土が潜んでいることがある。

⑥　隠蔽マインド

　これも「縦割り意識」同様に，世の中で報道される企業の大規模不祥事の背景には，多かれ少なかれ，この悪しき企業風土が潜んでいる。企業における情報の流れは，人体における血液の流れのようなものであり，適時適切に必要な場所への流れが妨げられると，組織の機能不全が起きる。

　よく「悪い情報ほど速く経営陣に上げよ」と言われるが，まさに機能不全の防止策を端的に表現している。部門の立場を優先して，不正を隠蔽するという態度は，「縦割り意識」とも表裏一体である。

　こうした例が後を絶たないことから，公益通報者保護法の改正や，それを踏まえた内部通報制度の充実といった施策が社会的にも進められている。コーポレート・ガバナンスを巡る重要論点として，改めて透明で客観的な企業経営を，社員一人ひとりにまで意識を浸透させて，実現することの重要性が問われている。

【図表3－1－2】　リーダーシップの失敗類型と企業不祥事の原因となる企業風土
　　　　　　　　　の類型の組合せ

リーダーシップの失敗類型例	企業不祥事の原因となる企業風土の類型例
①事なかれ主義やセクショナリズム	①現状維持マインド
④内部統制への無関心 ⑤責任感の拡散	②責任感の欠如または責任感の拡散
②誤ったメッセージ ③マネジメント・オーバーライド	③「井の中の蛙大海を知らず」と排他的マインド
①事なかれ主義やセクショナリズム 　（再掲）	④「先送り」マインド
	⑤縦割り意識
	⑥隠蔽マインド

2　企業風土とリーダーシップ

　企業においては，経営陣の言葉や行動が，企業風土に大きく影響するという
ことが起きる。経営陣が何を考え，どういう言動を奨励しているか，社員は常
に注目しているからである。

　もしも経営陣が，「コンプライアンスなどどうでもよいから，とにかく自社
の利益のみを追求しろ」と大号令をかけたなら，どれほど優秀な社員を集めた
企業であっても，企業全体がコンプライアンス軽視の短期的な利益追求行動に
走るおそれが高まる。これを内部統制システムの観点からは，統制環境におけ
る「マネジメント・オーバーライド」と呼ぶが，言い換えれば，コンプライア
ンス軽視で不祥事が起きやすい企業風土ということになる。残念ながら，こう
した事例は枚挙にいとまがない。

　かつて，2001年にエンロン事件が起きたとき，全米のビジネススクールで
リーダーシップ教育の在り方が問われることとなったのは，記憶に新しい。中
でも，当時エンロンのトップであったジェフリー・スキリング氏を輩出した
ハーバード・ビジネススクールへの風当たりは強く，MBAプログラムの大改
革が行われた。

3 アカウンティングとリーダーシップ

2002年は，まさにエンロン事件後に大改革されたMBAプログラムの必修カリキュラムが初めて適用された年である。中でも，アカウンティング（会計学）とリーダーシップ論が関わりの深い科目として教育された。会計不正を引き起こした経営陣の問題をどう正すかという観点で考えれば，経営陣がアカウンティングの本質を十分に踏まえた上で企業をリードすることがいかに重要であるかがよく理解できる。

【図表3－1－3】 リーダーシップ教育のエッセンス

インテグリティによって適切なリーダーシップの発揮とアカウンタビリティ（ここでは特に「財務報告の信頼性」）の発揮が密接に結びついて実現される。

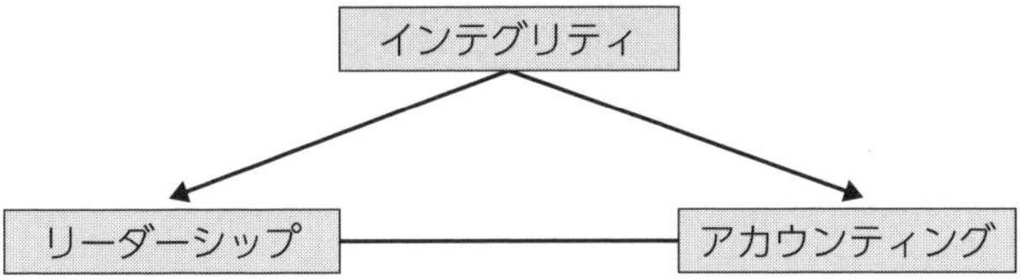

インテグリティ

リーダーシップ ─── アカウンティング

では，アカウンティングとリーダーシップがどのように関わりが深いかについて次に述べる。

アカウンティングの中でも財務会計は，広く投資家およびステークホルダーに対して，企業業績を正しく開示するという重要な役割を担っている。国際的にも日本国内においても会計基準が整備されているが，会計基準で許容される複数ある会計処理方法の中から，どれを選択するかについては，経営陣に一定の裁量が認められる余地がある。それを経営陣が悪用したり，逆手に取ったりすると，大規模な会計不正につながるわけである。

■会計不正の具体例

中でも，損益の期間対応（期間損益）を歪めて，当期の利益を嵩増しするよ

うなことは，絶対にやってはいけない。たとえば，資金拠出を伴う取引について，資産計上するか，費用計上するかによって，当期の利益は変わってくる。会計基準で指針は示されているものの，個別の取引内容に応じて，経営者による解釈，判断の余地がないわけではない。そこに，経営者に都合のよい恣意的な解釈を持ち込むようなことがあると，経営者に対する信頼は一気に失われる。

　経営者の指示で会計不正が行われる事例は少なくない。悪質な会計操作としては，売上の水増しなどの粉飾決算や，取引損失の隠蔽，それらによる見かけ上の利益の嵩増しなどに及ぶケースも考えられる。さらには，制度の間隙をつくかたちで，連結決算対象外の子会社である特別目的会社を利用した決算の付け替えや簿外債務化などに手をそめる経営者も存在した。

■会計不正をしないために

　そこで，経営陣が自らを律するリーダーシップが必要になる。株価を意識した経営という観点からは，経営陣としては，期間損益を歪めて短期的な業績をよく見せたいといった衝動に打ち克つ必要がある。

　インテグリティ，すなわちアカウンティングとは，単に簿記や財務諸表の理解にとどまらず，投資家をはじめとするステークホルダーに対する経営の説明責任を果たすという，経営陣として最も重要なミッションの1つを担うものであるという目的意識が重要である。

　この文脈において，ハーバード・ビジネススクールで受けたリーダーシップ教育の中で，最も強く印象に残っているのは，インテグリティである。アカウンティングにおいても，最終的に経営陣が最もよりどころとすべき価値基準，それがインテグリティだと繰り返し教わったからである。

　なお，こうした場面で正しい判断を行うために重要となる「バランス感覚」は，日本の法学部教育において養われてきたリーガルマインドとも共通する部分である。

■会計実務，ビジネスプロセス構築，システム導入との密接な関係

　経営陣が会計不正を主導することがあってはならないのは当然としても，経営陣の会計知識の不十分性が，適正な原価管理を歪め，財務報告の信頼性を揺るがすことがある。それを防ぐためには，企業会計原則の適切な理解に基づく，ビジネスプロセスおよび社内業務フローの構築や，その適正な運用を確保するための自動統制（システム）の導入が不可欠となる。

　これら会計実務，ビジネスプロセス構築，システム導入をそれぞれ担当する部署が，このことを理解していないと，相互の連携が十分に取れずに，適正な原価管理がなされないまま会計不正につながってしまうことがある。経営陣としては，全体を俯瞰し，そのような意図せざる「仕組みの欠如」が原因で会計不正を引き起こしてしまうことのないように留意しなければならない。

　これらの業務領域は，いずれも全社横断的な視点が必要とされ，経営陣にも高い業務執行能力（ケイパビリティ）が求められる。特にシステム導入に関しては，既存のシステム基盤をどうするかも含めて，中長期的かつ戦略的に遂行する必要がある。難易度は高いが，それができないまま会計不正を引き起こすようなことがあれば，「経営の不作為」という誹りは免れまい。

■アカウンティングと企業の成長・稼ぐ力の関係性

　ここまでアカウンティングについて，会計不正の防止・財務報告の信頼性の確保との関係で話してきたが，アカウンティングと企業の成長・稼ぐ力との関係も理解すると，よりアカウンティングとリーダーシップの関係性を理解できるであろう。

　企業を取り巻く環境は日々変化し，特定の部門や事業の採算・利益体質も変化し得る。その中でリーダーは事業ポートフォリオをあらゆる角度から検討し，時には「選択と集中」等の戦略を取ることになる。

　しかし，検討の前提となる採算・利益体質について正確に把握できていなければどうなるだろうか。たとえば誰もが知るある会社については長年にわたる不適切会計によって構造改革が遅れた，といった指摘がなされることがある。

　そのような指摘が真実であるか否かはともかく，部門や事業，プロジェクトごとの採算の正確な把握は経営判断にとって重要であることは間違いないだろう。したがって，非上場の会社のリーダーであるとしても，アカウンティングを蔑ろにするようでは，その時点でリーダー失格と言わざるを得ない。

第2項　なぜ企業風土改革なのか

　次に，なぜ企業風土改革が必要なのか，ということについて述べる。

1　原理原則としての考え方

　健全な企業経営を継続するための「仕組み化」が整備され，それを支える企業風土が構築されている企業においては，すぐに企業風土改革が必要なわけではない。しかし，そのような企業が稀であることは，不祥事を起こす企業が多いことを考えれば，ほぼ自明である。

　不祥事からの再生を目指す企業はもちろんのこと，運良くしてこれまで大きな不祥事が起きていない企業においても，望ましくない企業風土を放置しておけば，必ず不祥事は起きる。それによって，経営陣が内部統制システムの構築義務違反を問われたり，企業が上場廃止になったり，取り返しのつかない事態となる場合も少なくない。

　だから，改めて企業風土を見直して，不祥事の芽を摘んでおくことが，健全な企業経営を継続するために必要なのである。

【図表３−１−４】　職場レベルでの企業風土改革

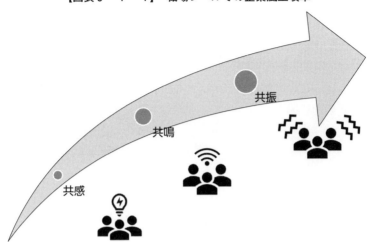

・組織はすぐには変わらない（変われない）。
・ささやかなメッセージでもいいから発信し続けることが大事
　（上からの発信，下からの発信）。
・共感が共鳴を呼び，組織全体を揺らしていく。

2　企業風土は急には変えられない

　企業風土は，いざ変えようと思っても，一朝一夕に変えられるものではない。経営陣が目指すべき企業の方向性（戦略）を再定義して，それへ向けてのメッセージを作り上げ，繰り返し社内へ向けて発信する。それを何年にもわたって実施して初めて，企業風土は変わっていくのである。

　その意味で，経営陣は企業風土が今どうなっているかについて常に意を払い，情報のアンテナを高くして，社員の声や思いに耳を傾けていなければならないのである。

3　「定点観測」の重要性

　ここで思い出してほしい。企業風土とは目には見えないものである。目に見

えないものをどうやって変えるのか。それはまさに前述のとおり，経営陣が目指すべき企業の方向性（戦略）を再定義して，それへ向けてのメッセージを作り上げ，繰り返し社内へ向けて発信することで変えていくのである。

　メッセージの受け手に行動変容が起きなければ企業風土は変わらないから，経営陣は，常に情報のアンテナを高くして，社員の声や思いに耳を傾けるのである。これを「定点観測」と呼ぶ。定期的に社員にアンケートを実施するなど，方法論は，専門の人事系コンサルティング会社を中心に最先端のものが世の中に展開されているので，ぜひ参考にしてもらいたい。

第3項　企業風土改革の進め方

1　なぜ企業風土改革は失敗するのか

　企業風土改革の進め方にはコツがある。前述したように，企業風土は一朝一夕に変えられるものではない。そのため，経営陣が「本気で改革する」という覚悟を決めて結束した上で，進め方を理解して腰を据えて臨まないと，必ず失敗する。企業風土改革に成功した事例は少ないと言われるゆえんである。

2　困難に立ち向かう改革の推進者

　まず初めに経営陣としては，自らが改革の推進役であることを，あらゆるコミュニケーションの機会を捉えた一貫したメッセージ発信と行動変容によって，社内に周知する必要がある。その上で，自らの意思を組織として力強く実行に移すための「改革の担い手が誰か」ということを明確に意識しておく必要がある。

　改革は，歴史が示すとおり，生半可にできることではない。当然のことながら，誰でもできるわけではない。そのため，明確な目標を定めて，組織全体で価値観を共有し，目標の実現へ向けて，あらゆる困難に直面しても揺るがない

信念を貫いて初志貫徹する，そんな改革の推進者が組織内に存在しなくてはならない。

3　改革派の登用と養成

　改革の推進者が組織内に存在しない場合，企業風土改革は実現できないのか。そうではない。むしろ，経営陣が改革へ向けてリーダーシップを発揮する前から改革の推進者が組織内に存在する方が稀である。なぜなら，安定的に成長を続けてきた企業においては，その過程において改革へ向けて急激に舵を切ることは通常想定されないからである。改革は，「危機感」と裏腹のものである。

　経営陣（大規模組織においては，そのうちの有志）が，いざ改革の必要性を確信して推進することとなれば，改革派は養成することができる。ただし，養成には一定程度の時間が必要となる。大規模な不祥事をきっかけとした「待ったなし」の状況で改革を推進していくためには，改革派の一部を即戦力として企業外から募ることも選択肢の一つである。企業風土を変えるためには，外の「血」を入れることも，むしろ有効だからである。

4　マーケティング理論の応用

　では，どのような時間軸で，どのくらいの人数を改革派として養成して，企業風土改革を推進すればよいのか。ここでは，普及理論（ロジャーズのマーケティングにおける市場浸透理論）を応用してみる。

　企業風土改革が息の長い取組みとなることは，前述した。しかし，そのために必要な改革派を養成することにもたもたしていると，企業風土改革は失敗に終わる。それは，市場に新商品・サービスが浸透していくかどうかに関するマーケティング理論が示唆するとおりである。一定期間内に対象とする顧客セグメントの16%に浸透させることができなければ，その新商品・サービスはそれ以上浸透することなく，すたれてしまう。

【図表3－1－5】　普及理論を当てはめた各カテゴリーの社員の反応

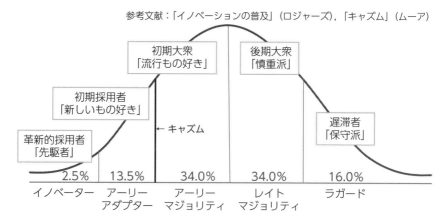

参考文献：「イノベーションの普及」（ロジャーズ），「キャズム」（ムーア）

社員に新しい行動変容をもたらす企業風土改革においても，新しい取組みや考え方が，一定期間内に一気に組織内の2割弱の社員に浸透していかなければ，その新しい取組みや考え方がそれ以上浸透することなく，企業風土は変わらない。

　経験上は，企業風土改革における新しい取組みや考え方を一気に組織内の2割弱の社員に浸透させるまでの期間は，半年から1年という感覚である。これが前述した「改革派の養成」につながるものであり，ここで悠長に構えていてはいけない。時間はかなり限られる。

5　抵抗勢力への対処

　人間の集まるところには必ず，その方向性に賛成の人間もいれば，反対の人間もいる。企業風土改革に反対する人間への対応を間違うと，改革は頓挫してしまう。

　社員の人事評価に関して，上位から「2：6：2の法則」などと言われることがある。企業風土改革においても，改革の当初に，それを推進する「改革派」が2割，フォロワーが6割，改革に反対する「抵抗勢力」が2割といった感じに，大雑把に分類しても，それほど大きなブレはないであろう。

【図表３－１－６】　普及理論の各カテゴリーの従業員の反応イメージ

	反応イメージ
革新的採用者 「先駆者」	・過激改革型 　旧体制を過激に否定している人 ・実行推進型 　強いリスク志向を持ちつつ，バランス感覚もあり，論理的に 　改革を推進する人 ・積極行動型 　改革リーダーを行動的に支える人・失敗を経験し実行推進型 　になり得る人 ・積極思索型 　改革に共感しリーダーと行動を共にする人・聡明で思想思索 　が深く，知的発想が豊富な人
初期採用者 「新しいもの好き」	・心情賛成型 　改革の考え方は正しいと思いつつ，リスクを避け様子見の 　人・時々否定的発言をして立場に保険をかけている人
初期・後期大衆 「流行もの好き」 「慎重派」	←キャズム （深い溝） ・中立型 　まずはお手並み拝見・改革が成功すれば「自分もはじめから 　良いと思っていた」，うまくいかなければ「ダメだと思って 　いた」 ・心情抵抗型 　性格的にはごく普通の人・改革に明確な距離を置く人・改革 　の成り行きに納得すると新組織に同化していく
遅滞者 「保守派」	・改革抵抗者（確信抵抗型） 　改革は正しくないと思っている人・改革者を個人的に好きに 　なれないという感情を持っている人・言いっぱなしで構わな 　いスタンスの人 ・改革抵抗者（過激抵抗型） 　改革者と表立って対決する人 ・人事更迭型（淡々型・抵抗型） 　退陣していく人 ・傍観者（上位関係型・完全第三者型） 　黙って眺めている人

参考文献：「V字回復の経営」（三枝匡）

　重要なことは,「抵抗勢力」の存在を無視しないことである。フォロワーである6割は, 社内の空気を読んで, 勢いのあるように見える方にフォローする。となれば, 経営陣が「抵抗勢力」を無視してその不満や欲求の勢いを増すような失態を犯すと, 社員の6割を占めるフォロワーが「抵抗勢力」に付いてしまうので, 改革は頓挫することになる。

　経営陣が「抵抗勢力」の存在を意識し, 硬軟自在の対応を使い分けながら, 最終的な目的である企業風土改革へ向けて, 毅然と「抵抗勢力」に対処することが必要である。

6　進め方のまとめ

　改革派の養成は一気呵成に, その後の企業風土改革は, 経営陣からの一貫したメッセージを繰り返し発信しながら, 定点観測を交えつつ, 息長く継続していく。改革への「抵抗勢力」には, 経営陣が毅然として対処する。これが企業風土改革を成功に導くエッセンスと言える。

7　企業風土改革に成功した事例

　では, 企業風土改革に成功した事例はあるのか。そもそも, 何をもって, 企業風土改革の成功と言えるのか。

　企業を取り巻く競争環境の変化が激しい時代においては, 時々刻々と変化する競争環境に適応して競争優位性を保つために, 経営陣は, 戦略を, 組織を, 社員の育成を絶えず改善（時には変革）していかなければならない。それに伴って, 必ず企業風土も変化するし, 時には意識的に企業風土を改革しなければならない。

　この意味において, 企業風土改革に終わりはない。一時点において,「成功」と言える状態が生まれても, またそれは周囲の変化によって, チューンアップを余儀なくされる。そのため, 企業風土改革の成功を定義することは難しいし, それをもって企業風土改革が終了したという誤解を生むとすれば, 定義すること自体が無意味である。

　その前提で考えてみると，企業風土には，日々の環境変化の中で一貫して価値を提供し続ける普遍的なものと，企業の成長過程で常に変化すべきものの2つの要素がある。すべての企業において，普遍的な要素を形作れるとは限らないが，1つには，この普遍的な要素（たとえば「常に顧客のために」，「発明者マインド」など）を企業風土として定着させることに成功したとき，それは紛れもない「成功」と言える。

　もう1つは，不祥事からの信頼回復局面で，経営陣・社員双方の意識改革が軌道に乗ったとき，それも「成功」と呼べるステージである。いずれの場合においても，企業風土は，継続してこそ意味がある。その意味において，後に述べる「風化させない仕組み」の構築も，企業風土改革の成功を側面から支える重要な取組みである。

■**全国規模の組織における事例**

　1つ具体例を示すこととしよう。ある組織では，足掛け5年の企業風土改革に取り組んできた。M&Aにも匹敵するような，大規模な人員削減や配置転換を伴う拠点統廃合を円滑に実施するために，それまでの閉塞的な企業風土の改革を進めてきたのである。

　全国展開の組織で，拠点ごとの独立性が高かったことから，もともと企業風土は拠点ごとにかなりの温度差があった。全国共通の部分と言えば，保守的な企業風土だけ。まさに改革に対する抵抗勢力を生む土壌であった。そして，拠点統廃合へ向けた人事異動が発表になったとき，配置転換を命じられた社員が何人も退職した。果たして，この企業風土改革は失敗したのだろうか。

　これについては，この先の組織展開を見定めないことには，何とも言えない。しかし，退職者を出したとしても，拠点統廃合には踏み出せたという事実は，それまでの企業風土改革の成果であったと考えられる。このように，企業風土改革の成功は，あまりに理想的な結末に限定しないことが重要である。

　事柄の性質上，永続的な取組みとなる企業風土改革の成功は，地道なスモールウィンの積み重ねであり，必ずしも一発逆転ホームランのような1回の華々

しい成功ではないと思っておいて正解である。

8 企業風土改革に失敗する事例

① 経営陣が企業風土改革を宣言してから，改革派が自他ともに認める推進勢力となるまでに，1年以上の期間を要してしまう例

　企業風土改革は息の長い取組みである。しかし，それは企業風土が変わったと社員が実感できるまでには年単位の時間が必要だという意味であって，改革派を養成することに時間をかけるという意味ではない。

　企業風土改革を推進するためのプロジェクト体制を作る，または推進専担部署を設置するなど，組織や人事が絡む話は調整に時間がかかる。経営陣主導で一気呵成に推進体制を作らないと，肝心の企業風土改革の企画実行に割ける時間がなくなる，または先延ばしになる。社員はそれを見て，経営陣の本気度を疑う。こうなると，企業風土改革は頓挫する。

② 経営陣が企業風土改革について早々と「完了宣言」してしまう例

　繰り返しになるが，企業風土改革は息の長い取組みである。1年や2年で企業風土改革ができるなら，その成功例はもっと世の中に多いはずである。

　企業風土は目に見えないものであるだけに，経営陣の日頃の言動や社員の行動変容，またはそれらに関する「定点観測」によって，その変化を長い期間にわたって確認するしかない。それにもかかわらず，経営陣が，たとえば企業の方向性（戦略）と行動指針などを明確にして，半年か1年足らずで「企業風土改革は完了した」などと宣言するのは，よくある誤解に基づく失敗行動である。

　そもそも経営陣が企業風土改革を推進しようと思ったその瞬間から，それはあくなき改善を前提とする取組みであり，「完了宣言」などというもの自体，自己矛盾をはらんでいる。「いつになったらこの取組みが完了するのか」という社員からの声に対しても，経営陣は毅然として，継続的な取組みであることを，その決意とともに繰り返し説得しなければならない。

③　経営陣が見込んだ改革推進勢力が「息切れ」を起こしてしまう例

　これは，必ずしも経営陣による時間軸設定の誤りによるものではないが，企業風土改革は息の長い取組みであるがために，短期的には目に見える成果が出にくい取組みでもあるため，その推進者たちが改革に伴うプレッシャーや過度のストレスで疲弊してしまうことがある。

　経営陣としては，できるだけ逆境下に強く，プレッシャーやストレスを自らのエネルギーと推進力に変換できるようなエースを推進者に抜擢するわけであるが，それだけでは推進者個人への依存と負荷が大きくなりすぎる問題がある。短期間の特殊任務であるならまだしも，何年にもわたって特定の有能な個々人に負荷を強いるのは，経営陣としても避けなければならない。

　企業風土改革は息の長い取組みなのであるから，経営陣としては，それを前提に，推進体制を担う人材の層を厚くして，一定期間ごとに担当を変えることも視野に，人材育成に取り組むことが望ましい。企業風土改革の推進部署は，本社部門の代表例として，次世代経営陣の登竜門となればよいのである。そして自己監査に類する問題を避ける意味でも，既存部署ではないことが望ましい。

【図表３－１－７】　転ばぬ先の企業風土改革の理解

✓企業風土改革の推進体制づくりは，
経営陣主導で一気呵成に！

✓企業風土改革は，
あくなき改善を前提とする取組みである！

✓企業風土改革の推進部署は，
次世代経営陣の登竜門！

コラム

ビジネスとステークホルダー

　第1編で紹介したとおり，過剰な売上主義や利益主義といった企業風土は企業不祥事の原因となり得る。そこで，企業不祥事が発生した企業の中には再発防止策として過剰な売上主義・利益主義からの脱却を挙げるものがある。

　しかし，営利法人が売上・利益から目を背けることはできないし，特に投資家が背後にいる上場企業ならなおさらである。従業員も売上・利益のために日々仕事に励んできたのであり，突如，売上・利益から目を背けさせることは，現実離れしている。そうするとリーダーとしては，企業風土を改革したい気持ちと，それができない・してはいけないという現状との間でジレンマを抱えることになる。

　しかしこのジレンマを抱えるリーダーは，そもそも売上主義・利益主義について「取る」「取らない」の2通りのアイデアしか持っていない点ですでに誤っている。優れた企業は投資家，顧客，従業員・取引先・サプライチェーン，環境等，様々なものをステークホルダーとして総合的な目標を掲げており，売上・利益はその中の考慮要素の一つとしている。こうすれば売上主義・利益主義を取る・取らないというジレンマには陥らないし，今の時代にあっては，多様なステークホルダーに配慮することが，企業不祥事やESG問題に対して強靭な会社となるための秘訣である[1]。

　したがって，もし読者の中にこのジレンマに陥っている方がいれば，多様なステークホルダーに配慮できる会社，将来を見据えた賢い立ち回りができる強靭な会社へのステップアップのチャンス，脱皮の時期と捉えてほしい。

1　たとえば環境に配慮せず企業活動を行ってきた場合には，環境規制が厳しくなれば企業活動自体を見直すことになりかねない。そのようなケースを考えると，環境に配慮することは，単なる優等生的な行いではなく，将来の環境規制を想定した賢い立ち回りとなる。

第4項 人事部が果たす役割の重要性

企業風土改革における人事部が果たす重要な役割についても，触れておきたい。ここでは，特に，人事部におけるCenter of Excellence（CoE，本社機能）に注目する。

本社機能は，コーポレート機能と呼ばれることもあるが，人事に限らず，経営企画，法務，経理，財務，総務，広報，IT開発など，広く経営の重要な意思決定およびそれに基づく業務執行を支援（現場に対する支援を含む）する機能が含まれる。ガバナンス，内部統制システムの観点からは，コンプライアンス，リスク管理なども含め，現場に対するけん制機能にフォーカスして捉えられることもある。

本書においては，けん制機能と表裏一体のものとして支援機能（支援機能は，さらに日常的な「継続支援」と，危機管理における「緊急支援」に分けられる）を重視し，中でも，特に優秀な人材を集めた専門的支援機能をCenter of Excellence（CoE）と呼ぶこととする。

1　企業風土改革と本社機能

企業風土改革は，改革へ向けた経営陣の決意を，組織として全社に展開して改革を推進していくプロセスである。この組織として推進するのがまさに本社機能である。企業によって，「コーポレート部門」と呼んだり，「本社部門」と呼んだり，「統括部門」と呼んだり，名称は様々であるが，いわゆる経験豊富な優秀な人材が，経営陣の意図に沿って，速やかに，力強く，社内をけん引していくのである。

歴史ある大企業であれば，こうした本社機能（コーポレート機能）がすでに備わっていることが通常であろう。しかし，そうではない企業においては，経営陣が率先垂範で，まずは本社機能（コーポレート機能）の立ち上げから始めなければならない。

　企業風土改革は，組織として推進すべき取組みである以上，経営陣の意図を汲んだ「改革派」が様々な部署に散らばっているだけでは，うまくいかない。むしろ，その「改革派」を束ねる「司令塔」が，改革を指揮する経営陣の直下に必要なのである。こうした本社機能（コーポレート機能）を，特に「社長室」や「コーポレート・セクレタリー室」などと呼称することがある。ここでも，経営陣の改革へ向けた本気度を示す指標として，名称の如何を問わず，まずはこうした組織の立ち上げが行われているかどうかは，その後の企業風土改革の成否を大きく左右すると言っても過言ではない。

2　本社機能

　急成長を遂げたスタートアップ企業などに時々見られる傾向として，経営陣が本社機能（コーポレート機能）とは何かを根本的に理解していないことが挙げられる。その典型例は，売上や営業利益を稼ぐ人材だけを優遇し，コーポレート部門の人材をないがしろにしている例である。

　当然のことながら，そういった企業においては，本社機能（コーポレート機能）が存在せず，極端なケースでは，経営の最低条件であるコンプライアンスすら満足にできないといった状況に陥る。いずれは，取り返しのつかない不祥事を引き起こし，社会からの信頼を失墜するといった事例は枚挙にいとまがない。

　では，企業が備えるべき本社機能（コーポレート機能）とは具体的に何か。営業を側面支援することだけと誤解している経営者は少なくないようだが，営業の側面支援は，本社機能（コーポレート機能）の一部であって，すべてではない。契約締結や審査など，コーポレート部門が営業を支援する側面は多々あるが，それがコーポレート部門の役割のすべてという誤解を解くことから，本社機能（コーポレート機能）の理解が始まると言ってもよい。

■戦略と経営参謀

　経営戦略という言葉がある。営業戦略，人事戦略など，そこから派生する言

葉も多くあるが，いずれも「戦略」とは，自社の競争優位性を継続的に高めていくために，経営陣が，限られた人的，物的リソースを，どのように配分し，何をしないかを判断することである。

　変化の激しい現代においては特に，日々刻々と変化する競争環境を常にウォッチし，次の打ち手をどうするべきかについて，経営陣に対して分析結果をレポートし，提案する「経営参謀」が必要となる。この「経営参謀」の役割が本社機能（コーポレート機能）の最重要部分である。

　「経営参謀」とは，CxOのような経営幹部ばかりを指すわけではない。たとえば，経営企画部や戦略企画部といった部門に所属する社員も「経営参謀」に該当する。留意すべきは，経営企画部や戦略企画部といった名称の部門があるかどうかではなく，そこに所属する社員が本当に「経営参謀」の機能を果たせているかどうかである。

コラム
経営参謀にとっての大学教育または大学院教育の効果

　社員が「経営参謀」の機能を果たせるようになるためには，社員の教育やトレーニングが欠かせない。日本においては，長らく事実上の「終身雇用制度」の下で，企業内教育が重視されてきたが，社会の制度も企業の競争環境も変化の激しい現在においては，それも万能ではなくなってきている。

　こと「経営参謀」の機能に関して言えば，必要とされる論理的思考能力や発信力，折衝調整力などすべての能力・スキルの基本に文章力がある。これは，単に「弁が立つ」ということとイコールではない。むしろ，文章力があれば弁も立つが，逆はそうではない。

　その「文章力」を養うのは，企業内教育というよりも，もっと前の教育課程（特に大学教育）で鍛えられるものであると思う。修士論文や博士論文を手掛ける大学院教育であれば，なおさら高度の文章力が要求される。

■企業の成長段階に応じて人的資本の構成も変化する

　ベンチャー企業から，成長企業，成熟した大企業へと企業が発展するに従っ
て，新卒入社であれ中途入社であれ，応募してくる人材も変化する。企業の成
長とそれに応じて必要とされる経営機能に適した人材を確保できなければ，そ
の後の企業の成長を軌道に乗せることは難しい。

■PMO機能

　そのほか，大企業になると，部門横断の調整機能や全社プロジェクトを推進
する「Project Management Office（PMO）機能」が重要となる。これらも，
本社機能（コーポレート機能）の本質的な部分を構成する。

　繰り返しになるが，コーポレート部門と言えば，真っ先に連想される，人事，
総務，経理，財務，法務といった機能は，当然に必要である。しかし，それら
がすべて本社機能（コーポレート機能）ということではない。人事部に関して
は，後に詳述するが，いずれの機能を担う部門においても，本来上記で述べた
ような本社機能（コーポレート機能）を担う人材（Center of Excellence）が
必要である。

　経営陣が本社機能（コーポレート機能）について，上記のような正しい認識
を持っていないと，コーポレート部門の強化は意味をなさないし，成し遂げら
れない。後に触れる「戦略は組織に従う」という考え方に立てば，まともな組
織（コーポレート部門）を作れない以上，戦略も作れない企業に成り下がるこ
とは明らかである。そして，戦略がなければ，企業の競争優位性を保てないこ
とは，グローバルの経営戦略理論によって示されているとおりである。

【図表3－1－8】　本社機能（Center of Excellence）の要素

■本社企画機能（コーポレート機能）
① 経営参謀
② 部門横断の調整・支援機能
③ 横ぐし機能（全社PMO）

3　企業風土改革と戦略

　企業風土改革は，テクニカルな側面についていうと，人事制度改革なしには進められないことが多い。そもそも企業風土改革は，経営陣が企業の進むべき方向性（戦略）を明確にして推進するものであるから，経営戦略とは表裏一体の関係にある。中でも人事戦略は，企業を支える人材のマネジメントや育成に直結するものとして，経営戦略の最重要部分であると言えるから，人事戦略なしに企業風土改革は進められない。

【図表3－1－9】　企業風土改革と経営戦略

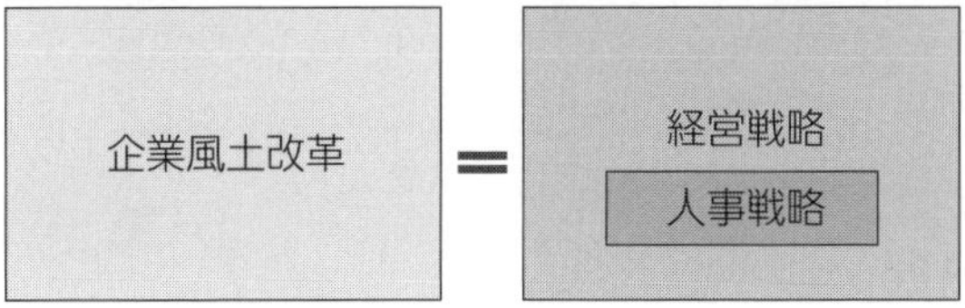

4　組織が先か，戦略が先か

　経営戦略であれ，人事戦略であれ，戦略（Strategy）がまずあって，それに組織（Structure）が付いてくるのか，それともその逆なのか。

　経営学の領域でも長らく論争のあるところであるが，最近の傾向としては，競争環境変化のスピードがかつてないほどに速くなっていて，戦略の「賞味期限」もそれだけ短くなっていることから，適切な組織がまずあって，戦略がそれに付いてくるという考え方が増えてきているように思われる。その根底には，どんなに優れた戦略であっても，それを実行する組織の実力が伴わなければ，価値がないという考え方がある。

　この意味においても，戦略と表裏一体の関係にある企業風土改革を推進する上で，人事部といった組織の実力が問われることになる。

【図表3－1－10】　組織と戦略の関係

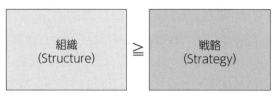

5　人事部に期待される機能

　人事部は，通常，人事評価制度，給与規程などを主管しており，人事制度，評価方法，給与インセンティブ全体の改革を担うことが多いため，企業風土改革にも大きな影響力を持つことが一般的である。企業風土改革を支援する専門の人事コンサルティング会社との窓口となるのも通常は人事部であり，人事制度などの改革を担うとなれば，経営陣に直接レポートする事務局としても，活躍する場面が増えることになる。

　人事部が担う機能としては，労務管理や給与支払いなどのシェアードサービスや，各部門の人材採用・育成計画の策定・実行を支援するビジネスパートナーのほかに，人事，評価，報酬などの制度を企画するCenter of Excellence（CoE）がある。このCoEが，まさに人事部における本社機能（コーポレート機能）であり，この機能を担える人材が，企業風土改革に必要な人事制度改革を実質的にリードすることとなる。

　このような人事部の社員はどうあるべきか，ということは，経営陣にとって常に重要な検討テーマである。伝統的な日本企業に代表される大企業の場合，本社部門が精鋭ぞろいであることが多い。その場合，Center of Excellence

【図表3－1－11】　人事部の機能

| コーポレート機能（CoE） | ビジネスパートナー機能 | シェアードサービス機能 |

(CoE) の人材の層が厚いことから，知識，経験ともに，人事制度改革を推進し，もって経営陣が推進する企業風土改革を支えるための適材を人事部内でまかなえることも珍しくない。

6　人事部人材の課題への取組み方

　一方で，成長著しいスタートアップ企業や中堅中小企業などにおいて，本社部門の人材の層がそれほど厚くない場合がある。その場合，人事部は事実上，主に給与厚生を中心とするシェアードサービス機能しか発揮していないようなケースも散見される。この場合は，にわかに企業風土改革と言っても，即応できる人材が人事部内にいることは稀である。

　そのような場合に，人事部の人材をどう拡充するか，ということが重要な経営課題となる。無理に既存の人材の役割変更などで対応しようとしても，大抵はうまくいかない。本社機能を担うためには，若いうちからそれを教えられ，鍛え抜かれてきた人材でなければ，勘所も要領も得ないのであって，たとえ潜在能力を有する人材がいたとしても，その育成に最低でも3年はかかる。

　喫緊の企業風土改革において，「社長室」や「コーポレート・セクレタリー室」などの経営陣直下の「司令塔」とともに，事務方の旗頭として機能することが期待される人事部「参謀」が3年も不在というのでは，企業風土改革は当初から頓挫してしまう。ここは外部からの即戦力採用に期待をかけるしかない。外部からの即戦力人材に，内部人材を育成する役割も同時に担ってもらい，企業風土改革を推進しながら，内部の潜在能力がある人材を3年かけて本社機能を担える人材に育て上げるのである。

【図表3－1－12】　外部からの即戦力に求める役割

①　企業風土改革を事務方の旗頭として推進	⎫ 同時並行
②　内部の潜在能力がある人材を育成	⎭

7　人事戦略コンサルティング会社による支援

　人事部「参謀」を外部からの即戦力採用で登用する場合も，内部の潜在能力がある人材を育て上げる場合も，経験，スキル，ノウハウともに豊富な一流の人事戦略コンサルティング会社の支援を仰ぐことも有効である。どんなに優秀な即戦力人材であっても，1社が1時期に採用できる人数はきわめて限られることを勘案すると，外部専門家の伴走者は絶対に必要である。また，内部の潜在能力がある人材を育て上げる上でも，外部専門家の伴走者の存在があれば，その実行を円滑にしてくれる効果が期待できる。

コラム

外部専門家との連携

　本社機能（コーポレート機能）が整備できていない段階の企業においては，人事戦略コンサルティング会社に限らず，全社PMO機能については経営管理に優れたコンサルティング会社，経理・会計面においては監査法人，リーガル面においては法律事務所の支援を受けることが有効である。

　こうした支援内容は，それ自体の即効性があるだけでなく，専門的，客観的立場からの適切な助言が得られる効果（適切なモニタリング機能）があり，また，連携して業務にあたる中で，適切にスキル・トランスファーを受けられる効果がある。こうしたことを経営陣が適切に理解して，企業風土改革を担う社員にも理解を徹底させることが成功の秘訣である。

　外部専門家の支援については，いつまでも支援内容のすべてについて任せきりにすべきはないが，だからと言って，支援内容のすべてを社内（社員）で賄うべきでもないのである。専門的，客観的立場からの適切な助言という観点で，外部専門家の支援領域を見定めること，スキル・トランスファーを受けるべき領域については，その受け手となり得る人材を採用・育成することが，経営陣に求められることであり，企業経営に外部専門家の支援を活かす方法である。

【図表3－1－13】　外部専門家との有効な連携

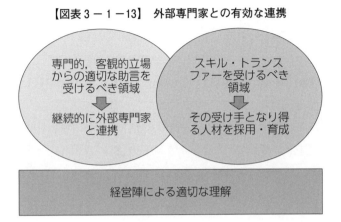

8　CHROの重要性

　人事部の本社機能（コーポレート機能）整備の集大成は，CHRO（Chief Human Resource Officer, 最高人事責任者）の登用である。いわゆるCxO（業務・機能の最高責任者）は，近年では幅広く登用されているが，中でもCFO（Chief Financial Officer, 最高財務責任者），CLO（Chief Legal Officer, 最高法務責任者，「ゼネラルカウンセル」ともいう）またはリーガルカウンセル（法律顧問）と並んで，経営の根幹を支える重要な役職である。

　CFOの導入事例は多い一方で，日本企業におけるCHROやCLOの導入は道半ばである。経営におけるリーガルマインドの重要性を勘案すれば，CLOの重要性は論を俟たないが，これまで見てきたとおり，企業の健全な発展の基礎となる企業風土改革と人事部が果たす役割の関係を考えれば，CHROの重要性も理解されるはずである。

■CHROの人物像

　それでは，CHROとは，どのような人材であるべきか。ファイナスをベースとするCFOや法律をベースとするCLOとは異なり，ヒューマン・リソース・

マネジメント（人的資源管理）と呼ばれる領域は，あまりに幅広く，それに応じて，かなり広範囲にわたる経験・スキルが求められる。

　前述したとおり，人事・組織戦略は，経営戦略の根幹を占めるものであり，その意味において，CEO（Chief Executive Officer，最高経営責任者）に次ぐ人材とも言える。したがって，MBAに裏付けられるようなCFOとしての資質（ただし，MBAプログラムは，リーダーシップ，戦略，ヒューマン・リソース・マネジメントなども含めた多様な領域を網羅しており，ファイナンスに限られないことはもちろんである。だからこそなおさらCHROにふさわしい。）を持つ，CEOの後継者あるいはその参謀の筆頭候補になり得るような人材である。

　さらに，労働法分野における政策はより細かいものとなっており，産休育休制度やセクシャルマイノリティへの配慮については法律上の義務を履行するだけでなく，ベストプラクティスをも意識して自社としての方針を決定する必要が生じている。したがって，法曹資格やリーガルマインドに裏付けられるCLOとしての資質も併せ持つような人材が理想的である。

　その意味において，人事スペシャリストとはかなり人材スペックが異なるし，人事スペシャリストが人事部門長や人事担当役員を務める企業において，役職だけをCHROと呼んでみても，あまり意味がない。

■従来型の人事労務管理との違い

　多くの日本企業において，従来型の人事労務管理を任務の主体とする人事部門責任者は多い。ヒューマン・リソース・マネジメントと人事労務管理の決定的な違いは，人材の採用・育成を「戦略的投資」ととらえるか，人事労務費として「コスト」ととらえるかの点にある。

　コストとしての側面が強くなれば，景気動向に応じてコスト削減が必要となる場合に，人件費もその例外ではなくなる。これに対して，戦略的投資という側面が強くなれば，企業の成長にとって重点的に投資すべき対象はどれかという選択の問題となる。人事・組織戦略が経営戦略と表裏一体と言われるゆえん

である。

　これからのグローバル競争を勝ち抜いていくためには，CEOと同じ目線で，常に経営戦略と人事・組織戦略を表裏一体のものとして描くことができ，かつ，その経営を指揮できる，ビッグピクチャー（ビジネスの全体像）の視点の持ち主をCHROに登用するべきである。こうした人材は，日本においてはまだまだ希少であり，先んじて適任のCHROを登用できた企業が競争優位に立つことは，間違いない。

■人事労務費をコストととらえた事例

　社会情勢や景気動向によって，売上や利益が大幅に減少する局面は，多くの企業経営者が経験のあるところではないだろうか。上場を目指していたベンチャー企業が，IPO（Initial Public Offering）の計画を取りやめたというニュースも珍しくない。

　そのような局面において，人事労務費をコストととらえている企業経営者の行動は，採用抑制，管理部門から顧客フロント部門への配置転換，または退職勧奨など，背に腹は代えられないコスト削減のために，人員削減努力として現れることがある。特に，中小企業においては，その傾向が強いと思われる。

　端的には，「管理部門の人件費で販管費が重くなる」といった言葉に代表される考え方である。しかし，これでは，次の好況の波が来たときに，タイミングよくIPO計画を再始動する，またはビジネスを急拡大することは，かなり難しい。

　人員削減努力の必然的な結果として，本来ビジネス拡大局面で頼るべき希少人材は，すでに社外に散逸してしまっていることが多いからである。希少人材も含めて「販管費」としてしか見ない姿勢では，厳しい経済環境を乗り越えて，千載一遇のビジネスチャンス到来をものにすることはできない。もちろん，ものにしたいかどうかは，企業経営者の判断である。

■法学部万能主義の時代は終わった！？

　1990年代当初は，まだまだ「法学部万能主義」とも言うべき思想があったように思う。理系の学生がどう考えていたかは別として，文系の中では，卒業後の進路として，どの道に進むにしても，「つぶしが効く」とか，「有利」とか漠然と考えていた時代である。

　その根底には，法的な素養だけではなく，法解釈学を積み重ねることを通じてリーガルマインドというものの考え方なり，バランス感覚なりが身に付くと，どんな分野においても，筋道を立てて論理的に説明し，関係者を巻き込むための説得力などが発揮できるという考えがあったように思う。

　それは，法曹にばかり求められるものでもないし，中央官庁で国家の政策立案に従事する上でも，将来的に企業の幹部として経営に関与する上でも，等しく求められる普遍的な能力のように思えた。言い換えれば，現在，リーダーシップと呼ばれるような意味合いで，リーガルマインドという言葉が万能のように思えた時代であったと思う。

　時は移り，法科大学院が設置されて，法学部生の進路は大きく変わった。ある意味，どちらが先とは言えないが，企業や各種組織・団体において，専門性がより強く求められるようになった時代の変化と並行していた動きであったようにも思う。とにかく，リーガルマインド一辺倒では，なかなか通用しなくなった。

　たとえば，企業法務の領域では，法科大学院を卒業して，司法試験に合格し，司法修習を修了した若手が新人として活躍するようになった。大手企業ともなると，法務部に，大手法律事務所出身の経験豊富なシニア弁護士が複数在籍することもめずらしくはなくなった。

　企業経営に携わる上では，専門性は，一つよりは複数持ち合わせた方がよいし，生涯学習の観点からは，年齢を重ねても，さらにそこからスキル開発することが求められる時代にもなった。2000年代当初にも，すでにアメリカ人クラスメートの何人かは，MBA（経営学修士）に加えて，法学修士も取得する「デュアル・ディグリー」に挑戦していたことも納得できる。

　日本においても，医師がMBAを取得するケースも最近身近に聞くように
なった。まさに複数分野における専門性が広く望まれる時代になったのだと感
慨深く思う。企業経営に直結する領域も，従来の法学，経済学，経営学，商学
などといった伝統的な学問領域のみならず，行動経済学，心理学などますます
幅広くなっているものと思う。

第5項　取締役会改革

　第4項では人事部が果たす役割について述べたが，従業員の人事戦略（人事
配置や育成）とは別に取締役会改革についても簡単に述べておきたい。

　会社の機関設計によっては取締役の法定任期が1年の場合もあるが，法定任
期が2年の場合にも敢えて事業年度ごとの責任の明確化の観点から任期を1年
とすることがある。

　しかし，特に企業不祥事からの再生時には，このような観点とは別に，取締
役の任期・人事をガバナンスの観点から再検討することも一案である。

　まず，ガバナンスの観点からは，リーダーにとって緊張感のあるメンバー構
成にすることが重要である。たとえば社外取締役は，外部の知見・目線をもっ
てリーダーの内部統制・企業風土への取組み方を見ていくことが期待されてい
ることから，企業不祥事からの再生というフェーズにおいてはその質が問われ
ることになる。特に，企業不祥事の発覚以前からいる社外取締役については，
なぜ企業不祥事の発覚前の内部統制・企業風土を前に声を上げてこなかったの
か，その理由が厳しく問われるべきであり，仮に問題なしとして声を上げてこ
なかったのであれば，当該社外取締役のモニタリング能力に疑問を呈されても
やむを得ないだろう。

　また，社内取締役の人事については，後継者育成の観点を取り入れることが，
リーダーにとっての緊張感につながる。社内取締役は自らの担当範囲の中で
リーダーシップを発揮して内部統制・企業風土に影響を与えていくが，その取

組み方の巧拙と後継者としての資質のチェックを結びつけていけば，会社としては後継者育成と内部統制・企業風土の改善を一度に行えるし，次のリーダー候補の努力を目の当たりにすればリーダー自身の緊張感にもつながり，一挙両得である。

　企業不祥事の発覚後には，社内に優秀な取締役候補が見当たらない，社外からも取締役就任をためらわれる，といったこともあるかもしれないが，取締役会改革も企業不祥事からの再生の重要な要素と捉えなければならない。

第2章

研修プログラム
―俯瞰が重要

　再発防止策として，役員や従業員に対する研修プログラムを設定するケースも多く，それ自体の効能は否定しない。しかし研修プログラムは，構築してモニタリングする仕組みづくりと異なり，役員や従業員に対して浸透させなければ一過性のものに終わってしまうことから，よく浸透させるための工夫が欠かせない。

　具体的には，全体を俯瞰したプログラム構築と効果測定といった工夫が必要となり，ここではその一例を紹介したい。

　たとえば俯瞰したプログラム構築の方法としては，対象階層（役員，管理職，一般従業員）ごとに受講するプログラムの内容・目的・時期を時系列順に中長期的な視点から書き出して数年分の一覧表を作成することが考えられる。これにより，①プログラムに漏れがあったり，反対に同じようなプログラムが別部署によって複数回企画されたりしていないか，②リスク等を踏まえた優先順位を意識してプログラムが構成されているか，③短期間にプログラムが集中して消化不良に陥らないか，④過去のプログラムを振り返る機会がなく，いわばやりっぱなしになっていないか，といった点を確認できる。

【図表3-2-1】　研修一覧（イメージ）

		2023年3月	2023年9月
取締役（社内外）執行役員	テーマ	ESG情報開示	リーダーの後継者候補の育成
	方法	外部講師による説明の後，ディスカッション	外部講師の事例説明の後，ディスカッション
	主管部署	IR	経営企画・人事
取締役（社内）執行役員	テーマ	働き方改革／労働管理	管理職の育成
	方法	ディスカッション	外部講師の事例説明の後，ディスカッション
	主管部署	総務	経営企画・人事
幹部社員（課長以上）	テーマ	働き方改革／労働管理	部下指導とハラスメント
	方法	ディスカッション	外部講師による注意点説明の後，ディスカッション
	主管部署	総務	経営企画・人事
一般社員	テーマ	働き方改革／労働管理	ハラスメント講座
	方法	制度説明の後，ディスカッション	ディスカッション
	主管部署	総務	経営企画・人事
内部通報制度普及	テーマ	全従業員向けに内部通報制度の説明	内部通報の運用状況の説明
	方法	オンライン聴講	オンライン聴講
	主管部署	コンプライアンス	コンプライアンス

※主管部署の欄に記載がない場合も，経営企画・人事は必ず関与するようにする。
※同じテーマであっても階層・職位別に実施することで，その階層・職位に応じた意見が出てくる。
※外部講師を起用した場合，他社事例を知るチャンスとなり得る。
※社内規則と会計知識については，単発の研修ではなく，継続的な講習等を実施することが好ましい。
※会計ルール等，今後の改正の動向がわからない場合には「未定（会計関連）」等とするのも一案である。

2024年3月	2024年9月	2025年3月	2025年9月
新しいリスク類型	女性役員の登用	株主との対話のバリエーション	企業不祥事アップデート
外部講師による説明の後，ディスカッション	外部講師の事例説明の後，ディスカッション	外部講師の事例説明の後，ディスカッション	外部講師の事例説明の後，ディスカッション
経営企画・人事	経営企画・人事	IR	コンプライアンス
業務のIT化・サイバーセキュリティ	女性管理職の登用	未定（会計関連）	企業不祥事アップデート
IT化の他社事例の説明の後，ディスカッション	外部講師の事例説明の後，ディスカッション	未定	外部講師の事例説明の後，ディスカッション
情報システム	経営企画・人事	未定	コンプライアンス
業務のIT化・サイバーセキュリティ	女性社員の職場環境の向上策	原価管理の改善	企業不祥事アップデート
IT化の他社事例の説明の後，ディスカッション	外部講師の事例説明の後，ディスカッション	ディスカッション	外部講師の事例説明の後，ディスカッション
情報システム	経営企画・人事	業務・財務経理	コンプライアンス
サイバーセキュリティ	女性社員の職場環境の向上策	原価管理の改善	企業不祥事アップデート
注意点や禁止事項の説明の後，ディスカッション	外部講師の事例説明の後，ディスカッション	ディスカッション	外部講師の事例説明の後，ディスカッション
情報システム	経営企画・人事	業務・財務管理	コンプライアンス
内部通報制度の改善	全従業員向けに内部通報制度の説明	内部通報の運用状況の説明	内部通報制度の改善
職位ごとにグループ分けしてディスカッション	オンライン聴講	オンライン聴講	職位ごとにグループ分けしてディスカッション
コンプライアンス	コンプライアンス	コンプライアンス	コンプライアンス

　効果測定の方法としては，eラーニング等であればすべて正解するまで再テストする，といった方法もあるが，たとえばディスカッション形式のプログラムを組み，どのようなレベルの意見が出たのかモニタリングをする，というのも一案である。

　ディスカッションは参加者にとっては新たな気づきや議論を生む機会でもあるが，モニタリングする側にとっては議論の内容から参加者の理解レベルを判断する機会になる。

　また，研修プログラムを再発防止策の一環とだけ位置付けてもいいが，それを超えて研修プログラムを役員教育・従業員教育の一環と位置付けて，次の階層に昇進した時のための備えにもすれば，参加者のモチベーションはより高まるであろう。こういったアイデアも，俯瞰したプログラム構築の一つである。

　第1章第5項の取締役会改革において，後継者育成と内部統制・企業風土の改善を一度に行うというアイデアを紹介したが，このアイデアは研修プログラムにも応用できる。すなわち，社内取締役，執行役員，幹部社員といった層を対象とする研修の内容は再発防止策だけを目的にする必要はなく，リーダーシップを磨く（執行役員や幹部社員であればリーダーシップを養う）ことも目的とした方が一挙両得である。

　新しい職業に就くために，または今の職業で必要とされるスキルの大幅な変化に適応するために，必要なスキルを獲得する／させることを「リスキリング」と呼ぶことがあるが，社内取締役，執行役員，幹部社員といった層は，当人がどれだけ優れた人材だとしても，日々のリスキリングが必要である。

　幹部社員の研修は人事部，執行役員以上は経営企画部が担当，といった縦割り意識を持っていては，一貫した研修，リスキリングは行えない。また，一般社員に対して施す研修内容の決定にあたっては人事部と経営企画部が共同した方が，多角的な検討ができるだろう。したがって，いずれの階層に対する研修についても人事部と経営企画部の協力は欠かせない。

第 **3** 章

風化させない仕組みづくり

第1項　社内で不祥事を語り継ぐ

1　なぜ不祥事は再発することがあるのか

　不祥事からの企業再生を試みる中で，経営陣の本気度が生半可なものであると，社員は目ざとくそれに気づき，やがてせっかくの再発防止策の取組みもガバナンス・内部統制システムの強化策も，本来の目的がどこにあったかも忘れられて形骸化してしまう。

　そのうちに，何のためにやっているかわからない形式的なことならいっそやめてしまえ，ということで，取組みや強化策そのものが実行されなくなってしまう。それでは，不祥事からの企業再生はおぼつかない。これがいわゆる「風化」現象である。

【図表3－3－1】　不祥事が再発する流れ

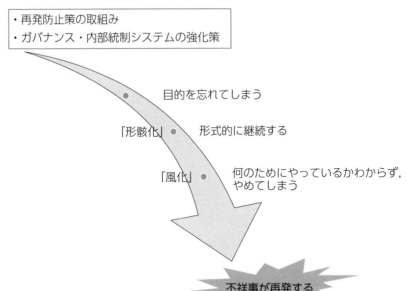

・再発防止策の取組み
・ガバナンス・内部統制システムの強化策

目的を忘れてしまう

「形骸化」　形式的に継続する

「風化」　何のためにやっているかわからず，
やめてしまう

不祥事が再発する

2　不祥事を繰り返す企業

　このような事例は少なくない。そして，不祥事の再発防止策が風化してしまうのであるから，当然のことながら，同様の不祥事がまた起きることになる。こうして何度も不祥事を繰り返す企業は，いくつもある。

3　過去事例から学ぶ企業

　一方で，このような風化を防ぐ仕組みを構築している企業もある。過去の不祥事を現在および未来の教訓として，物理的に社員全員が忘れることがない「展示物」のようなかたちで，まさに過去事例から学ぶ仕組みを構築しているのである。

　重要なことは，「過去の事」，「他人事」ではなく，現在および未来の社員ま

でもが，「今の事」，「自分事」として過去不祥事を受け止め，どうすれば二度
と起こさないかを真剣に考え続けることである。

　このような仕組みを構築するには，経営陣のゆるぎない覚悟が必要となる。

【図表3－3－2】　不祥事を繰り返さない仕組み

- 過去不祥事を「展示」するなど物理的な施設を設置

- そこで過去不祥事からの教訓を語り継ぐ取組みを展開
　➡専担部署を設置するケースもある

- 全社員に「展示」施設を毎年訪問することを必須化

【図表3－3－3】　過去事例から学ぶ展示例

二度と同じ過ちを犯さない工夫
（ディスカッションタイム）

■西武ホールディングス

「過去の過ちを後世に全て残したい」という思いから，2004
年の総会屋への利益供与事件，証券取引法（現・金融商品取引
法）違反のすべてを綴った10周年史を配布。

■日本航空

2006年4月に「安全啓発センター」を設立。1985年に発生
し，乗員・乗客520名が亡くなったジャンボ機（JAL123便）
墜落事故の機体や遺品などを展示する。

■三菱自動車

2000年のリコール隠し問題以降の度重なる不祥事から教訓を
学ぶための施設として，2018年2月に「過ちに学ぶ研修室」
を設立。モニター映像には，リコール問題調査特別チームの男
性社員も登場する

では当社ではどうするか？と考えよう！

だからこそ，生半可ではない経営陣の本気度を目にした社員が，あくなき改善を継続する。こうした企業が不祥事を繰り返すことは考えにくい。

第2項　リーダーシップ再考

ここで改めて，風化させない仕組みづくりにおいても，前述のような本気度を示せる，そして社員から真に信頼される経営陣が備えるべきリーダーシップについて考えてみたい。

1　インテグリティ

リーダーシップを論じる場合，まず最も重要な資質として，インテグリティが挙げられることは前述した。これは，一朝一夕に習得できるものではないが，かといって生まれながらのリーダー（Born Leader）にしか備わっていないと考える必要もない。前述したとおり，リーダーシップは学べるものだからである。

【図表3－3－4】「インテグリティ」の身に付け方　※再掲【図表序－2】

---

① 思慮深さ（内面）：より深く考える
　→「倫理観，誠実性，自律心」を涵養
② 思慮深さ（外面）：論理的，客観的に判断する
　→「論理性，一貫性，客観性」を発揮
③ 上記①②を踏まえた「言行一致」：意思決定プロセスを透明化する
　→社員に対するアンケート（定点観測）で経営者に対する信頼を評価

2　傾聴する姿勢と洞察力

経営陣に限らず，リーダーたるもの，相手の話をよく聴く姿勢が大切だということは，これまでのビジネス経験の中でも繰り返し実感してきたことである。

なぜか自らのことばかりを語る人を多く見かけるが，経営においては，相手から「学ぶ」ことが力の源泉になると思う。

なぜなら，自分の意見を相手に押し付けているだけでは，自分ひとりで仕事をしているのと大差ない。組織やダイバーシティから力を得るためには，まずは相手の意見を聴くべきだということは，多くの人々に共感されることと思う。

傾聴するから，物事を客観的に見ることができるようになるし，経営陣やリーダーたる立場であれば，洞察力も養われるというものである。こういう姿勢を備えた人は，リーダーとして尊敬もされるし，人望も厚い。

3　論理的なメッセージ発信力

論理と感性は，ビジネスの文脈で対立するものではないが，傾聴する姿勢と洞察力の延長線上には，おのずと客観的なものの考え方があり，それは論理的思考と親和性が高い。

感性は，人によって千差万別であるから，感性のみで，多くの社員の納得や共感を得ることは難しい場合が多い。しかし，論理的思考というものは，それが詭弁や屁理屈と受け取られない限り，多くの社員に納得（少なくとも理解）

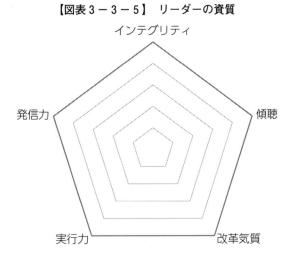

【図表3－3－5】　リーダーの資質

されやすい。したがって，経営陣またはリーダーが発信するメッセージは，論理的である方が望ましい。

4　MBAプログラム

ここからは，経営学修士（Master of Business Administration）として学んだことの中から，経営大学院（ビジネススクール）を卒業後に企業の実務で活かしてきた考え方のエッセンスについて，少し紹介したい。

昔も今も，企業に入社したての社員は，よく先輩から「人に答えを聞く前に，自分で調べて考えろ」と言われる場面があるのではないかと思うが，経営スキルや考え方は，唯一絶対の「正解」というものがないので，人に「答え」を聞くわけではない。まして，お互いにディスカッションを通じて「考えて」いるわけであるから，必ずしも書籍をあたって自分で調べるわけではなくとも，時の先輩のお叱りを受けなくてもすむ。

企業人の皆さんの中には，経営スキルや考え方という意味で，あるいは，自らのキャリアアップという観点で，MBAプログラム（の各科目）に関心を持たれる方も少なくないかもしれない。しかし，一通りの科目に関する専門書をすべて読みこなすのはハードルが高いし，それで身に付けた知識をスキルとして企業の実務で活用するのはさらにチャレンジングである。ビジネススクールに留学する機会は素晴らしいが，通常は1年以上の期間と，留学費用がかかる。これを機会損失として換算すると，なかなか思うようにはいかない。

では，経営スキルや考え方は，どうやって身に付けたらよいのか。そこに一つの回答を試みようというのが，本書の目的の一つである。専門的な見地からは，あまりに不十分な内容であるとのご批判もあろうかと思うが，その点は，ぜひとも専門書をあたっていただければと思う。

別の言い方をすると，企業の実務における日常のディスカッションで一般に活用する専門知識は，驚くほど限られている。その限られた内容（原則）さえ押さえておけば，経営陣として，あるいは，経営陣とディスカッションする立場として，十分とも言えるのである。プリンシプルベース思考（23頁参照）で

【図表 3 － 3 － 6】　ハーバード・ビジネススクールの科目例

　以下には，2002年から2004年当時に，ハーバード・ビジネススクールにおける 2 年間のMBAプログラムにおいて提供されていた 1 年次の必修科目， 2 年次の選択科目の中から一部の例を掲げる。なお，現在は，Field Immersion Experiencesと呼ばれるような，より実践的な経験を積む中でリーダーシップについて学ぶ，フィールドワークを中心としたコース等も幅広く用意されているようである。

　★を付したものは本書で触れているもの

基本科目の例
- ★Leadership and Organizational Behavior（p.172）
- ★Strategy（p.184）
- ★Finance（p.186）
- ★Financial Reporting and Control（Accounting）（p.195）
- ★Marketing（p.194）
- ★Technology and Operations Management（p.30［コラム部分］）
- • The Entrepreneurial Manager
- • Social Enterprise
- • Negotiation
- • Institution, Macroeconomics, Global Economy

専門科目の例
Leadership and Organizational Behavior
- ★Incentives（p.194）
- ★Power and Influence（p.195）
- • Human Capital Management
Strategy
- • Corporate Strategy
- • International Strategy and Competition
- • Competitive Dynamics
- • Strategy and Technology
Finance
- • Dynamic Markets
- • Investment Management
- ★Corporate Financial Management（p.186）
- • Functional and Strategic Finance
Marketing
- • Business Marketing
- • Consumer Marketing
- • Brand Management
Macroeconomics
- • Business, Government and International Economy

触れたように，あとは判断力の問題である。

■文化の輸出！　アメリカのMBAプログラム

　アメリカにおいてビジネススクール（とりわけMBAプログラム）が発達し，常に最先端，最高峰の内容を世界に発信し，経済・ビジネスの発展に多大なる影響力を発揮してきたことは興味深い。世界的に地政学的なリスクも高まる中，政治体制やイデオロギーの対立構造がなくなる見通しはないが，経済・ビジネスという世界共通のテーマ・領域において，ベストプラクティスが浸透していくことは見受けられる。

　欧米のビジネススクールにおいて世界各国からの留学生が学んでいることは，広い意味での「文化」であり，タイムラグはあっても，少なからず出身国の経済・ビジネスに影響を与えていく。こうした文化の浸透力というものは，企業風土にも当てはめて考えることができる。敷衍してM&Aにおいても，資本力に任せた支配よりも，良き企業風土の浸透（文化の「輸出」）に軸足を置いた改革推進の方が，概してうまくいくことが多い。

(1)　リーダーシップ

　リーダーシップの在り方が企業不祥事を防止する上で重要な鍵を握ることは，第1編で例示したほとんどのケースにおいて明らかである。リーダーシップに関するMBAの基本科目としては，たとえば，Leadership and Organizational Behaviorといったものがある。ここで改めて，「リーダー」とはどういう人材かについて，確認しておくこととしたい。リーダーシップを発揮できる人間がリーダーではあるのだが，それではトートロジー（同語反復）であるので，もう少し踏み込む必要がある。

　ハーバード・ビジネススクールは，世界のリーダー養成学校として自他ともに認知されているところであるが，同校によれば，リーダーとは，「周囲をよい方向へ変化させることができる人間」（Make a difference in the world）ということである。前述図表3-3-6のPower and Influence（195頁参照）と

いう考え方とともに，リーダーシップを学ぶ上で大変参考になる。

　では，リーダーシップとは具体的にどのように学ぶのか。人材資源管理など と並んで，リーダーシップは「ソフトスキル」と捉えられる領域に分類される。 ファイナンスやストラテジーのように，成功確率を高める考え方を比較的論理 的に選択できる「ハードスキル」と捉えられる領域とは異なり，個人の置かれ た状況やスタンスに応じて，いくつもの「正解」が同時に存在することが多い。

　だからこそ，事例に基づいて議論し，各人がそれぞれの学びを得る「ケー ス・メソッド」と呼ばれる教育手法が特に強みを発揮する領域とも言える。

コラム

Leadership and Organizational Behaviorにおける議論の題材例①

サバイバル・シミュレーション

　リーダーシップの授業で印象に強く残った経験がある。遭難を想定したシミュレーション・エクササイズである。

　これは，クラスルームで，1チーム5〜6人に分かれて，詳細なシナリオをもとにディスカッションするのであるが，文字通り「生きるか死ぬか」の遭難の場面において，チームの総意で二者択一の答えを出すものである。チームが総意に至らない場合は，そのチームは全員死亡というシミュレーションの前提が置かれている。ちなみに，過去にこのシミュレーションに参加した経験があるクラスメートは，各チームでディスカッションを観察する立場に回る。

■実際のシミュレーション結果

　このシミュレーションには，「正解」があり，二者択一の答えが「正解」であれば，そのチームは全員生存，「正解」でなければ，そのチームは全員死亡というシミュレーションの結果が待っている。我がチームは，残念ながら「全員死亡」であった。総意に基づく二者択一の答えが「正解」でなかったからである。

　我がチームでただ一人筆者が推奨した答えが，実は「正解」であった。男性3名（アルフォンソ，ショーン，筆者），女性2名（トレイシー，ヘザー）のチームであったが，トレイシーとヘザーは，アルフォンソ，ショーン，筆者の意見を聞いて判断したい，というスタンスを取っていた。アルフォンソとショーンは，筆者の意見に対して，真っ向から強烈に反論したが，何度聞いても，アルフォンソとショーンの主張には論理的な裏付けがなく，感覚的な発言にしか聞こえなかった。

　しかし，筆者は，結局アルフォンソとショーンの主張に迎合した。正確にいうと，「チームの雰囲気」を重んじることを最優先とするような気持ちで，自分の中では決して正しいとは思えない結論を容認したのである。

■チームメイトの驚くべき反応

　読者は，この結末について，チーム内でどういうラップアップ（総括）がなされたか，想像がつくだろうか。現実は，耳を疑う反応であった。

　まず「間違った」選択肢を強烈に主張した最たる人物，アルフォンソが，筆者のせいでチームは全員死亡の結果になったと強烈に攻撃してきた。しかし，チーム全員を「死亡」へと導いたのは，アルフォンソの強烈な主張のせいではなかったか。

　アルフォンソの主張はこうである。あの時，チーム内では唯一筆者しか正解に至る考えを持っていなかった。その論理的な根拠をもって，粘り強くチームを説得してくれていたら，自分もショーンも筆者の意見に賛成したはずだから，それを成し遂げなかった筆者が悪いというわけである。

　トレイシーとヘザーも「確かに，私たちはアルフォンソ，ショーン，Toshi（筆者）の出す結論に従うと言っていたのだから，チームの総意で正解に至れるチャンスはあった」と主張した。観察者としてチームに参加していたステイシーだけは，「Toshiは始めから一貫して論理的に説得していた。それを受け入れなかったのは，アルフォンソたちの方だ」と客観的な事実を適切に解説してくれた。

■リーダーシップに関する重要な学び

　この経験から重要なことを学んだ。確かに，根拠をもって正しいと信じること（「信念」と言ってもよい）を，最後まで粘り強く説得して回る努力は足りていなかった。その努力がリーダーシップの神髄であり，本気度のバロメータであったと実感させられた。

　「全員死亡」というシミュレーションの結末に見舞われながら，「チームの雰囲気」を重んじたことに自己満足するなどということは，リーダーとして決して許されない。まさにハーバード・ビジネススクールが標ぼうするとおり，リーダーとは，「周囲をよい方向に変化させることができる人間」（Make a difference in the world）なのである。

コラム

Leadership and Organizational Behaviorにおける議論の題材例②

12人の怒れる男

　陪審員裁判をテーマとして取り上げた同名のアメリカ映画がある。真実に到達するまで，1人の陪審員が粘り強く説得を続ける姿が描かれているのであるが，この映画をリーダーシップの授業の一環で鑑賞し，ひたすら「説得」の場面における主人公の言動について，クラスルームでディスカッションした経験がある。

　真実に裏付けられた自らの信念に基づき，どのような無関心，思い込みや偏見，反発・反感，怠惰，無責任といった他の陪審員の姿勢に直面しようとも，正しい主張と説得を根気よく続ける主人公の姿勢が，徐々に他の陪審員の納得，共感を呼び，やがて陪審員の総意を覆すまでに至るところに，リーダーシップの本質が見て取れる。

　まさにリーダーシップとは，この映画の主人公の言動を，企業における経営判断の現場における経営陣の言動に置き換えたものであると言える。すなわち，知見や経験も人一倍豊富で，考え方の筋道や判断力も鍛え抜かれた経営陣や上級幹部が，自らの信念で正しいと判断する事柄について，可能な限りの論理的な説得を試み，ステークホルダーの理解と共感を獲得していく行動スタイルである。それがリーダーとしての責任の果たし方なのである。

　その意味において，前述したとおり，反論や反発を恐れ，自らの立場ばかりを気にして，意見を言わないといった態度は，リーダーシップとは対極にある行動スタイルである。そのような姿勢がまん延している企業がグローバル競争に勝ち続けることは，およそ想定しがたい。

(2)　リーダーシップ教育とリーダーの条件

　リーダーシップ教育の手法の一つとして，ハーバード・ビジネススクールの相対評価の制度はとても有効であると思う。どの授業においても，クラスメートの下位10％は，一番低い段階の成績を付けられてしまう。これが一定数に到達すると，2年間のMBAプログラムにおいて，2年次に進学できないことになる。

　留学していた当時も，1学年900名の学生の中で，一定数は2年次に進学できなかったと記憶している。だから，生徒間の競争は熾烈である。現実のビジネスにおける競争環境を考えたら，リーダーシップを学ぶ上で，この緊張感とストレスは必要だと思う。

■発言の質

　そして，成績の大きなウェイトを占めるのが，クラスルームにおける発言の質である。もちろん，発言しなければ，相対評価はおのずと下がり，一番低い段階の成績を付けられるリスクが高くなる。一方で，発言すればよいかというと，そうではない。まして，英語を母国語としない外国人が一生懸命発言したこと自体を評価されるなどということは，夢にも思わない方がいい。

　1年次の学期のスタートに教授から叩き込まれるのは，クラスルーム全体の理解に貢献しない発言は，厳しくマイナス評価されるということである。ハーバード・ビジネススクールの授業は，ケース・メソッドと呼ばれる，事例に基づくディスカッションから生徒がお互いに学ぶ方式が採られている。

■ディスカッションへの貢献度で評価

　教授は，生徒に直接「正解」を教えるのではなく，ディスカッションをリードすることで生徒に自ら気づきの機会を与えるのが役割であるから，生徒の発言の質は大変に重要である。そのため，ディスカッションの流れを断ち切るような発言は，ご法度と言っていいし，独善的に知っていることだけをとうとうと述べるような発言も，厳しい評価を受けることになる。

　1クラス90名の生徒が，1コマ80分の授業の中で，発言権を争って手を挙げるのであるから，あらかじめ用意していたことを発言する機会などまずないと考えた方がいい。事前にケースと呼ばれる事例の中身から何がポイントであるかをつかんでおいて，当日のクラスルームでのディスカッションの流れを理解し，自分の理解も深めながら，教授が指してくれたタイミングに合わせて，クラスルーム全体の理解に貢献する発言をする。

　それができて初めて，クラスルームでの発言がプラス評価される。得意科目であっても，クラスルームの誰もが気づかなかったような視点を提供するといった「ホームラン」を打つような発言は，なかなかできない。苦手科目ともなれば，ちょっとした発言や質問を重ねて，地道に「打率」をキープするのが普通は精一杯である。

■**厳しい訓練の末に得られること**

　この環境で2年間鍛えられた後，日本に帰ってきて，運悪く「沈黙は金」の根深い企業風土に直面すると，絶望的な気持ちになるのは想像に難くない。しかし，成績が決まるだけのクラスルームではなく，グローバル競争で真剣勝負をしている企業におけるディスカッションであれば，もっと高い水準で発言の質が評価されて当然ではないか。

　クラスルームですら評価されない，中身のない発言で聞き手の時間をつぶすような経営陣や上級幹部がいるとすれば，そのような企業の成長はおぼつかない。これは，経営陣や上級幹部の職にある各自が意識して行動すれば，改善できることであり，まさにそれがリーダーシップを学ぶということではないかと思う。

■ **リーダーの素質**

　リーダーは，生まれながらのリーダー（Born Leader）ということではなく，その素質は正しい知識と訓練で身に付けられるもの，すなわち再現可能なものであることは，前述した。しかし，これもビジネススクールにおける経験であ

るが，同じくリーダーシップを学んでいるビジネススクールのクラスメートの中でも，1クラス90名もいる中で，クラスメートから「この人の発言はぜひ聴こう」と思ってもらえている人ばかりではない。

　たとえば，限られた時間を自分の発言時間で独占して，とうとうと自説をまくし立てるような人は，どんなに発言内容が優れていたとしても嫌われる。リーダーは決して媚びる必要はないが，人好きのしない人は，真の意味でリーダーとは言えない。やはり，その人が醸し出す，にじみ出る人格というものは大切で，それが本書の冒頭でも触れた，倫理，道徳や誠実さといった「人間性」の部分を見抜けるリーダーという話ともつながるのだと思う（15頁参照）。

■リーダーの必須条件①：適切な質問をする

　ビジネスは複雑である。リーダーがビジネスのフロントの状況を適時適切に理解するためには，現場の人間から適切な情報を吸い上げる必要がある。それに必要なのが，適切な質問をすること（Ask a right question.）である。

　リーダーは，フロント・ビジネスの最前線について，現場の人間からの情報なしに語れるわけはない。ビジネスの現場を一番把握しているのは，その現場を担当している人間だからである。

　リーダーたるべき立場の人間が，知ったかぶりで適当なことを言い，ひどいケースでは現場を知らないまま不適切な指示を現場に与えるなどして現場を辟易とさせることは，残念なことに世の中で頻繁に発生している。そのような組織においては，当然のことながら，現場のやる気を削いでしまうし，組織が適切な方向にリードされることもない。ビジネスの世界では，そのような企業が中長期的に衰退していくことは明らかである。

　そのような悲劇を避ける意味でも，リーダーは，質問の術を学ばなければならない。それは，相手の話をよく聞くといった姿勢の問題だけではない。自らの専門領域以外でも，物事の本質を一瞬で見極めて，不足している情報を得ようとする姿勢が必要である。

　その際，細部にこだわって，およそ本質的とは思えないようなことを根ほり

葉ほり聞くのは禁物である。常にビッグピクチャー（ビジネスの全体像）を見据えて（それができるのがリーダー），現場の視点だけでは気づけないような視座を提供する質問をするのである。

そのためには，本社立案部門のいずれかの専門領域の経験があると有利である。人事であれ，財務であれ，本社立案部門には，ビジネス特性に左右されない共通機能があり，企業全体の視点が求められるし，経営判断をサポートする機会も豊富にある。

したがって，そこでの専門性を蓄積することは，仮に自ら経験のないビジネスに直面する場合でも，企業全体の視点で，何が本質的であるか，本質的な課題は何か，解決するためには何が必要となるかを論理的に考えることにつながるからである。それが，現場の視点だけでは気づけないような視座を提供する質問のベースとなる。

■リーダーの必須条件②：文章力に長けていること

最後に，文章力は，リーダーの必須条件であると言っていい。プレゼンテーションに長けていることはプラスアルファの要素として大事だが，その前提として，日本語であれ，英語であれ，論理的に説得力のある文章を書けるようにすること，これが最優先の課題である。

リーダーが日常的に発するメッセージが十分慎重に検討されていないために，企業不祥事の動機や正当化を増幅するリスクがあることは，第1編で例示されたケースでも見て取れる。メッセージの質（文章力）を向上させることは，決して難しいことではないが，訓練を重ねる必要があるので，早い段階から意識的に取り組むことをお勧めする。

■文章力向上の方法論

経営陣やリーダーであれば，社内にメッセージを発信する機会も多い。原稿なしに，自らの言葉で論理的説得力をもって熱弁がふるえることもリーダーの大いなる強みとなるが，それが自由自在にできるようにするためにも，まずは

メッセージを発信する前に，できるだけワードで文章（原稿）を作成してみてほしい。

　パワーポイント活用が浸透した現代においても，文章力を鍛えるには，ワードが適している。論理的に説得力のあるメッセージになっているかどうかを事前に自己検証するためのよい機会ともなる。

　なお，MBAに限らないが，英文ライティングは，論理的に説得力のある文章を書く際のよいお手本になる。英文ライティングを学んだ人はご存じのとおり，文章を書く際のルールが明確に定められている。

　経済のグローバル化の中で，ビジネスライティングそのものが英語を標準語とする場面は一層増えてくる。英文ライティングは，論理的でわかりやすい書き方のルールになっているので，日本語に置き換えても参考になるところは多分にある（図表3－3－7参照）。

【図表3－3－7】 英文ライティングのルール

Principles of English Writing

1. Basics
- Use simple words.

2. Overall Writing Structures
- One topic for one paragraph.
- Exception: The first paragraph includes all; in the last, you can mention all.
- Never lose sight of the topics included in the first paragraph; you should not include a topic in the mid paragraph(s), either, if it is not mentioned in the first paragraph.

Right image	False: No mention of C	False: Extra mention of C
A, B, C	A, B, C	A, B
First, A	First, A	First, A
Second, B	Second, B	Second, B
Finally, C		Finally, C
In conclusion, A, B, C	In conclusion, A, B, C	In conclusion, A, B

3. Paragraph Structure
- The first sentence should include the most important message of a topic.
- Sometimes, such message is supported by the second sentence.
- The last sentence is usually an introduction to the next paragraph.
- The remaining sentences are extra; you may skip them when reading if available time is very limited.

4. Others
- If you find a word "However", the following part is more important and emphasized. For example, "It might be true that A. However, B"; in this case, B is what the writer insists.
- Other useful words: moreover, furthermore, in addition, lastly, therefore, etc.

■リーダーの必須条件は組織の目的，規模，成長段階により異なる

　経営トップに求められる要素は，どの組織においても同じというわけではない。すなわち，リーダーシップの本質は変わらないが，経営トップがどのようなパーソナル・スタイルを有するかという点については，営利組織か非営利組織か，上場企業か非上場企業か，数十名規模か数万人規模か，スタートアップ・ベンチャー企業か成熟企業かなどによって，かなりの幅がある。

　実際，俗に「ワンマン経営」などと呼ばれる，極端なトップダウン型で，リーダーシップの本質とはかけ離れたパーソナル・スタイルの経営トップがビジネスを成功させている事例は少なくないし，一概にそれがダメということにはならない。

　しかし，今回この書籍で発信を試みたいメッセージの一つは，次の点である。将来的に数万名規模以上の企業に成長させ，厳しいグローバル競争の中で，SDGs（Sustainable Development Goals）　や ESG（Environment, Social, Governance）をも視野に入れて，継続的に成功を収めていこうとする企業であれば，経営トップ（経営陣）が本質的なリーダーシップを体現できていることが前提条件になる。

■企業内「民主主義」

　押しも押されもせぬ大企業の出身で，現在は自ら経営を手掛ける，IT業界に精通した知人が，企業内における民主主義の話をしてくれたことがある。企業内においても，客観的で透明な意思決定プロセスとしての「民主主義」が必要で，それがなければ，経営トップによる「独裁」になってしまう。

　経営トップがたまたま本質的なリーダーシップを体現できているケースは別として，単なる独善による「独裁」経営では，企業がよりよい方向に変わることはおよそ期待できない。そうした企業の発展にはおのずと限界があるのではないか。このような趣旨の話であったと理解している。これは心に響いた。

■経営トップに求められること

経営トップが自分のやりたいことを追求しているだけの組織では，従業員，株主，社会といったステークホルダーの納得や共感は得られにくい。

たとえば，創業者として何か優れた点があったとしても，「コンプライアンスはコストだ」などと言ってはばからない経営トップや，労働法規を無視してビジネスを行う経営トップがいたとすれば，いくら目先のビジネスがうまくいっているように見えたとしても，いずれ社会から相手にされなくなることは，誰の目にも明らかであろう。

企業の発展形態がどうあれ，どこかのタイミングでIPOを果たして上場企業になるなど，社会の公器として発展する段階あたりから，経営トップ（経営陣）は「独裁」と見られないように，ことさらに意識する必要がある。だからこそ，経営トップ（経営陣）には，リーダーシップを身に付け，企業をよりよい方向へ変化させることが求められるのである。

(3) ストラテジー（Strategy）

経営の根幹に直結する，ストラテジーの話をしよう。「経営戦略」が企業の競争優位性を維持し，長期継続的に健全な収益性を確保する上で重要であることは論を俟たない。

しかし，経営の文脈で，「戦略」が何を意味するかについて，明確に認識している経営者ばかりではないこともまた事実である。正しく「戦略」を理解し，構築している経営者でなければ，企業を誤った方向に陥らせてしまうリスクが高まる。第1編で例示されたほとんどの企業不祥事のケースでも，根底にそのリスクがあったことは否定できない。

① Willingness to Pay

Willingness to Pay（WTP）とは，顧客が商品・サービスに支払ってもよいと思う上限金額のことである。このWTPと，当該商品・サービスの開発コストとの差額が，企業が当該商品・サービスを生み出したことによる「付加価

値」である。

【図表3－3－8】　企業が生み出す付加価値の分配

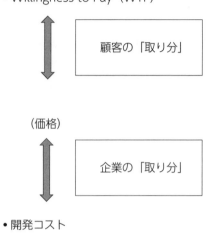

• Willingness to Pay（WTP）

顧客の「取り分」

（価格）

企業の「取り分」

• 開発コスト

　価格は，WTPと開発コストの間の金額に設定される。なぜなら，WTPを上回る価格では，顧客が当該商品・サービスを買わないし，開発コストを下回る価格では，企業が当該商品・サービスを売ることで損失を被るからである。
　価格設定によって，企業が生み出した付加価値を，当該企業と顧客で分け合うことになる。顧客は，WTPと価格の差額を享受し，企業は，価格と開発コストの差額を享受する。言われてみれば当たり前のことだが，言われてみないと明確に意識することは少ない。

②　トレード・オフ
　企業は，自ら生み出した付加価値を，どれだけ自らの「分け前」として多く，長く享受し続けられるか，そのための様々な工夫について，企業の事例に基づいて議論し，「競争戦略論」を学ぶ。
　その際，限られた経営リソースをどう有効に配分して活用するかがポイント

になるため，ストラテジーの授業では，繰り返し，「経営者は，何をするべきかではなく，何を<u>するべきではないか</u>を判断するものだ」と教えられる。

　たとえば日本企業において，経営者に複数の案からいずれを選択すべきかの判断を仰いだ場合に，「どっちもやれ！」などと言われることはよくあるように思うが，明らかに理論的バックグラウンドの有無が痛感させられる。

　言い換えれば，「戦略」とは，トレード・オフの機会を見つけて選択する，ということである。経営陣やリーダーとしては，ここに記載したストラテジーの基本中の基本は，踏まえておくべき最も重要な理論的バックグラウンドである。

(4)　ファイナンス（Finance）

　経営者がストラテジーを理解していることの重要性は，先に述べた。加えて，長期継続的に健全な収益性を確保するためには，正しくビジネス価値を算定して，事業への投資，投資の継続，事業からの撤退などの意思決定を適時適切に行わなければならない。そうしなければ，企業価値を棄損してしまうリスクがあるからである。その意味で，経営陣やリーダーは，ファイナンス（財務）の知識を備えている必要がある。

　第1編で例示された不祥事の原因となった「粗利率の目標達成プレッシャー」（ホシザキのケース）や「収益偏重の経営」（神戸製鋼所のケース）などにおいても，経営指標がファイナンス（財務）的観点の一部のみにフォーカスされている傾向が見て取れる。

　一方で，経営の現場では，ファイナンスを講義のように体系的に学んで活用する場面は，まずない。むしろ，経営会議であれ，投資委員会であれ，関係者のディスカッションを通じて，限られた時間の中で重要な意思決定が行われていくのが常である。

　つまり，ファイナンス理論の基礎の基礎であるとしても，その考え方を社内関係者と共有するだけでも，客観的，論理的に結論を導き出す上では，十分である。経営陣やリーダーには，そういったファイナンスの素養を踏まえておいてもらいたい。ここで紹介するのは，そういう基礎的な話である。

①　ネット・プレゼント・バリュー（NPV）

　NPVは，事業価値を判断する上で，不可欠の考え方である。（ファイナンスの基本中の基本は，「キャッシュを不足させないこと」なのだが，それは置いておいて）ファイナンスの最も基本的な概念であり，経営陣やリーダーとしては，踏まえておくべき重要な理論的バックグラウンドである。順を追って説明しよう。

　まず，事業価値算定の基礎となるのは，当該事業がもたらすキャッシュフローの予測である。事業計画に基づいて，単年度のキャッシュの出入りを並べてみる。それを単純に合計するわけにはいかない。なぜなら，金利の要素を考慮しなければいけないからである。

　たとえば，現在の100円と1年後の100円では，厳密には価値が異なる。日本のように，これだけ低金利の時代が長くなると，ピンと来ないかもしれないが，1年後の100円は，金利分を想定して割り引いて現在の価値を算定しなければならない。2年後，3年後についても同様で，想定事業期間（事業内容に応じて10年とか，30年とか）にわたって，同じように金利で割り引いて現在の価値（割引現在価値）を算定する。その合計額が「プレゼント・バリュー」である。

　この当該事業から生み出されるキャッシュフローの合計額（プレゼント・バリュー）から，初期投資金額（たとえば，生産設備購入に支払った金額など）を差し引いたものがNPVである。このNPVがプラスなら，「投資すべし」という判断になるし，そうでなければ，「投資すべきでない」という判断になる。

コラム

資本資産価格モデル（Capital Asset Pricing Model）

　前述したNPVの概念は，それほど難しい話ではないと思う。留意すべきは，割引現在価値（プレゼント・バリュー）を算定する際に用いられる「割引率」をどう設定するかということである。

　これには，リスク・リターンの関係，システマティック・リスクと非システマティック・リスク，資本資産価格モデルなど，難しい言葉や概念が次々に関係して登場する。最初に証券投資論の教科書を読んだときに，この辺りから理解が怪しくなった記憶がある。資本資産価格モデルという日本語訳の意味などを考え始めると，理解への道筋は止まってしまう。資本資産価格モデルの名称は，Capital Asset Pricing Model（CAPM）の訳語であり，通称「キャッペム」（CAPM）と覚えておけば十分である。

　ここでは，「キャッペム」（CAPM）について詳しくは触れないが，資本市場においては，リスクを負ったことに対して対価（リスクプレミアム）が支払われるリスクと，そうでないリスクがある。割引率を設定する際に意味があるのは，前者のリスクプレミアムの方である。

　このリスクプレミアムに関連する指標として，ベータがある。ベータとは，個別の株価と資本市場を代表する指標との価格変動の連動性を表す係数である。たとえば，個別株式のベータが大きければ，当該株式のリスクプレミアムも大きくなる，といった関係である。

　したがって，事業の割引現在価値（プレゼント・バリュー）を正しく計算するためには，事業特性に応じた適切なベータを特定（算定）しなければならない。そのベースとなる考え方が「キャッペム」（CAPM）なのである。まとめると，事業の割引現在価値（プレゼント・バリュー）の計算に用いる割引率は，リスク・リターンの関係により，適切なベータに基づいて算定された「期待収益率」であるべきだということである。

【図表３－３－９】　ビジネス価値算定の考え方

項目	概要
1. アプローチ	DCF（Discounted Cash Flow） ・キャッシュ・フローに着目する理由は，価値の存在が明確で，ときに財務会計で議論を呼ぶ人為的な「歪み」が入り込む余地がないため（例：現金100円の価値は誰にとっても100円）。 ・キャッシュ・フローの把握には財務諸表を活用し，税引後当期利益をベースとする場合は，①会計上は経費として認識していても実際に現金の減少を伴わないもの（減価償却費）を足し戻し，②実際に現金は減少していても会計上は期間按分して認識するもの（設備投資）を差し引くといった工夫（詳細説明は省略）が必要になる。
2. CAPM	（Capital Asset Pricing Model） (1) Volatility（期待値からの乖離幅＝ファイナンスでいうところの「リスク」）と収益率 ＊ファイナンスでは期待値から外れること自体がリスクで，そこにはダウンサイド（損失）のみならず，アップサイド（予想外の利益）も含まれる。 　　　　　　　　　標準偏差　　平均リターン 　株式A　　σ_A　　　　μ_A 　株式B　　σ_B　　　　μ_B ・リスクには，①それを取ることで市場に評価されるリスク（分散不能リスク＝システマティック・リスク）と②それ以外のリスク（分散可能リスク）がある。 ・分散可能リスクは，分散投資（Diversification）をすることで消去可能なので，それを保有してもその分の超過リターンは期待できない。 ・標準偏差（Standard Deviation＝Volatilityの平方根）は，上記①②両方のリスクを含むので，標準偏差の大きさからだけでは期待リターンの大小は判断できない。

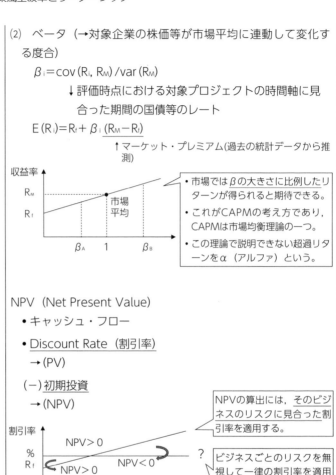

(2)　ベータ（→対象企業の株価等が市場平均に連動して変化する度合）

$$\beta_i = \text{cov}(R_i, R_M) / \text{var}(R_M)$$

↓評価時点における対象プロジェクトの時間軸に見合った期間の国債等のレート

$$E(R_i) = R_f + \beta_i \underline{(R_M - R_f)}$$

↑マーケット・プレミアム(過去の統計データから推測)

収益率

R_M

R_f

市場平均

β_A　1　β_B

- 市場ではβの大きさに比例したリターンが得られると期待できる。
- これがCAPMの考え方であり，CAPMは市場均衡理論の一つ。
- この理論で説明できない超過リターンをα（アルファ）という。

3. 算定方法

NPV（Net Present Value）

- キャッシュ・フロー
- Discount Rate（割引率）
  →（PV）
- （−）初期投資
  →（NPV）

割引率

%
R_f

NPV＞0

NPV＞0　NPV＜0

?

β

0　生保　損保　金融サービス　コンピューターソフトウェア　ベンチャーキャピタル

NPVの算出には，そのビジネスのリスクに見合った割引率を適用する。

ビジネスごとのリスクを無視して一律の割引率を適用すると，NPV＞0の案件を取り逃したり，NPV＜0の案件を手掛けたりといった判断ミスにつながる。

（上図は参考イメージで，実際のβ水準とは異なる可能性があります）

② 負債サイドの考え方（CFOの果たす役割）

ファイナスの授業の前半は，全額自己資本の想定で，もっぱら前述したNPVの手法を理解して，「資産サイド」における事業価値を算定することに主眼が置かれる。後半になると，「負債サイド」にも検討対象が広がり，最適な負債割合といったテーマにも言及される。

MM理論の流れで説明すると，端的には，税金の存在によって，税引き後に支払われる株式配当と，税引き前に支払われる借入金利息の違いにより，負債割合に応じて，税金を支払わない分，税率に応じて直線補完的に企業価値が高まる。

それでは，100パーセント負債で調達したら，企業価値は最大になるか，というと，そうではない。なぜなら，負債割合が高くなり過ぎると，フィナンシャル・ディストレス（financial distress）が大きくなり，負債調達による企業価値の増分を帳消しにしてしまうからである。

そのため，企業価値を最大にする負債割合を算定することが，CFOのミッ

コラム

モディリアーニ＝ミラーの定理（MM理論）

これは，「負債サイド」に関する説明の最初で解説される定理で，端的に言えば，一定の前提の下では，企業価値は「負債サイド」における資本構成に左右されないというものである。

それでは，「負債サイド」で付加価値が出せず，CFOが貢献する余地が少なくなるのではないか，というと，そうではない。MM理論における「一定の前提の下では」という部分がポイントで，これには，「トランザクション・コストが存在しない」ということも含まれる。

たとえば，税金は代表的なトランザクション・コストであり，「トランザクション・コストが存在しない」という前提は成り立たない。つまり，企業価値は「負債サイド」における資本構成に左右されるということになる。

ションの一つとなる。資本の有効活用というテーマがあるが，それには，資本
構成の観点も関係してくるのである。

【図表3－3－10】　MM（モディリアーニ・ミラー）理論

取引コスト（税金を含む）のない世界では，CFOは直接企業価値を高める手段がない！？

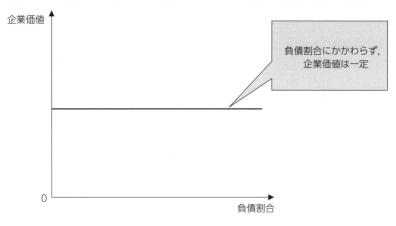

負債割合にかかわらず，
企業価値は一定

【図表3－3－11】　実社会では，税金は存在する！

負債割合が高まるほど，節税効果で企業価値は高まる

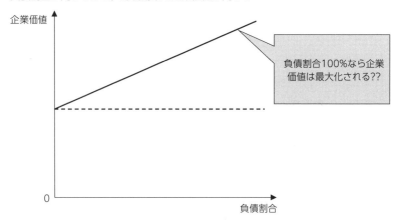

負債割合100％なら企業
価値は最大化される？？

【図表3－3－12】 実社会では，ほかにも取引コスト（Financial Distress）は存在する！①

負債割合が高まるほど，FinancialDistressが企業価値を押し下げる

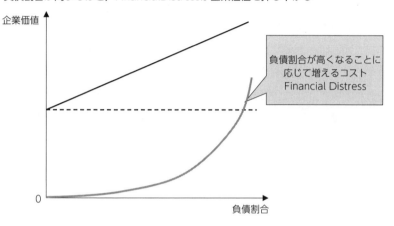

負債割合が高くなることに
応じて増えるコスト
Financial Distress

【図表3－3－13】 実社会では，ほかにも取引コスト（Financial Distress）は存在する！②

CFOは負債サイドで直接企業価値を高める

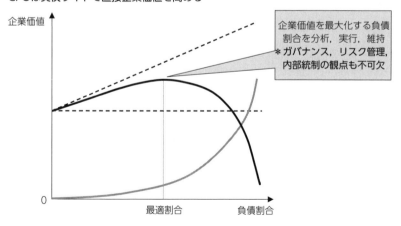

企業価値を最大化する負債
割合を分析，実行，維持
＊ガバナンス，リスク管理，
内部統制の観点も不可欠

(5)　マーケティング（Marketing）

　マーケティングは，MBA科目の中でも，最も人気が高く，関心を集めている分野の一つではないだろうか。これまでに，マーケティングに関する何かしらの書籍を読まれた読者は多いだろうし，ビジネススクール留学前からフィリップ・コトラー著の「マーケティング原理」は座右に置いていたものである。

　マーケティングに限らず，基本的な概念を説明するだけでも相当な紙面を割く必要があるが，ここでは，あえて，1点に絞って述べることとしたい。それは，商品・サービスを開発する際に実施する市場調査（マーケット・リサーチ）についてである。

　日本の高度成長期に，作れば物が売れた時代にマッチした，テレビ広告を代表例とするマス・マーケティングとは異なり，何が売れるか真摯に顧客の声に耳を傾けないと，商品・サービスが思うように売れなくなった現代においては，商品・サービスを開発する前に，企業が市場調査を実施することが当たり前になった。

　この市場調査は何を目的としているか，というと，当該商品・サービスの需要曲線を正確に描くことである。そのためには，市場調査の質問事項は，できるだけ顧客の購買環境に近い条件をきめ細かく提示できていなければならない。

　どういう商品・サービスを，どういう場所（販売チャネル）で，どのような説明や条件提示を受けて，購買の意思決定をするのか，それらをすべて特定した上で，買うか，買わないかを質問しない限り，顧客は本当の購買行動を教えてはくれない。たとえば，「こんなイメージの商品・サービスがあったらいいと思いますか」といった漠然とした質問では，顧客が「あったらいいと思う」と言ったところで，需要曲線の正確な予測にはつながらない。

(6)　インセンティブ（Incentives）

　役員であれ，社員であれ，仕事をする上でのモチベーションは大切である。モチベーションに働きかける仕組みとして，インセンティブ（ここでは「出来高払い」，「歩合」，「成功報酬」といった用語よりも広義の意味で使用する）に

関する授業もあり，ハーバード・ビジネススクールではリーダーの報酬設計についても議論し，学ぶ機会がある。

不祥事との関係で言えば，インセンティブは，不正のトライアングルにおける「動機」や「正当化」にもつながりやすい重要な要素である。たとえば，第1編で例示された水道機工のケースでは，「技術検定試験の合格と結びつけられた奨励金および業務資格手当の存在，管理職への昇格要件の存在」といったインセンティブが，従業員側の動機として指摘されている。

インセンティブには，大きく2種類あり，向上意欲や仕事そのものが面白いといったその人材に「内在的なもの」（Intrinsic Motivation）と，給与・報酬といった「外在的なもの」（Extrinsic Motivation）とがある。「内在的なもの」については一般化が難しいので，授業では主に「外在的なもの」についてディスカッションが展開されることになる。

人は，成果に応じた報酬が得られるときに，公平公正であると感じ，働く意欲（インセンティブ）に結びつく。何を「成果」と捉え，どのような基準により評価し，それを踏まえて報酬をどのように算定するかといった基本概念をベースに報酬制度を設計する。

(7)　Power and Influence

もう一つ，2002年当時のビジネススクールにおいて，2年次の選択科目にPower & Influenceというものがあった。当時のシラバスによれば，Powerは，リーダーが身に付けておくべき知見や能力，InfluenceはそのPowerをどう周囲に伝播させて，よい結果に導くか，そういった趣旨の説明であったと記憶している。

リーダーシップを発揮するためには，PowerとInfluenceのどちらか一方では十分ではなく，両方をバランスよく身に付ける必要がある。

(8)　上記以外のMBA科目

アカウンティング（会計学）が，企業経営においてリーダーシップとどれほ

ど密接に関連するものであるかは，前述した。そして，これまでに述べたほかにも，MBAコースにおいては，人材資源管理やネゴシエーションなど，様々なソフトスキルに関する科目があるほか，オペレーションマネジメント（生産管理），アントレプレナーシップ（起業家精神）など，経営手法に直結する科目がある。

これらすべてについてここで参照する余裕はないが，それぞれの領域で専門書が多く出版されているので，関心に応じて，いくつかの専門分野の理解を深めてみるのも面白いと思う。

5　エイジェンシーコストと情報開示

これまでは，経営陣と社員のコミュニケーションに焦点を当てて述べてきた。しかし，経営陣による対外コミュニケーションについても，リーダーシップの観点から触れておく必要がある。

経営陣（ここでは株式会社の取締役を指すものとする）は，株主の付託を受けて，株主に代わって企業を経営している。行動主体が異なる以上，そこに情報の非対称性が生じる余地があり，経営陣の対外的な信頼が低いと，付託している株主としては，経営陣が私利私欲に走るのではないかと疑心暗鬼になり，ますます情報開示を求めるといった行動につながることがある。これは「エイジェンシーコスト」と呼ばれる問題である。

そもそも行動主体が同一であれば，そのようなことは起きようがない。企業経営の状況を適切に把握するに十分な情報があればそれで済む。情報開示は，説明に備えるために時間もコストもかかるほか，企業経営における情報をどこまで開示したらよいかという古典的な課題が存在する。

コーポレートガバナンス・コードをはじめ，グローバル経済における情報の比較対照性，透明性は一層高まっている中でも，どこまでの情報を開示することが株主またはステークホルダーにとって最善であるかは，重要な論点である。

経営陣としては，まずはリーダーシップの本質を追求し，自らの経営者としての資質に対する対外的な信頼を高めることが求められる。エイジェンシーコ

ストという概念を念頭に置いて，それをできるだけ引き下げるように意識すれ
ば，情報開示はよりスムーズなものとなるであろう。

第3項　ジェネラルカウンセルの活用

　本章では風化させない仕組みづくりについて述べてきたが，実際には一度企
業不祥事を起こした会社では，同じ類型の企業不祥事を繰り返さないだけでな
く，それ以外の企業不祥事も含めて予防する必要がある。一度企業不祥事を起
こした会社は，そこからの再生の過程でリスク管理全般を改善することが求め
られており，次にまた企業不祥事を起こせば，たとえ別の類型だったとしても，
結局，「リスク管理にだらしない企業」，という評価は覆せないのである。

　したがって，一度企業不祥事を起こした会社ではリスク管理全般の強化が必
要となる。リスク管理の手法にはトップダウンとボトムアップがあるが，ボト
ムアップについて言えば，企業風土改革の途上では従業員各人のリスク感度は
まだ養成途中にあり，従業員からリスクを吸い上げることにも限界はある。ま
た，第1編第7章で述べた未知のリスクについてはリスク感度がある程度高
まってきた従業員でも気づくことには限界もあるだろう。

　一方，トップダウンについて言えば，リーダーがリスクと対策のリストアッ
プの役割をすべて担うことは現実的ではない。そんな中，本書で一つの解決策
として示したいのがジェネラルカウンセル（最高法務責任者）の起用である。
以下，今後のリスクとジェネラルカウンセルの役割を結びつけた説明を試みる。

　ジェネラルカウンセルは，ビジネスモデルや戦略とリスク管理を結びつけて
アドバイスすることが求められる。近年，会社が対応すべきリスクは劇的に拡
大しており，かつ専門化している。

　たとえば個人情報等のデータプライバシーとセキュリティーについて言えば，
すでにデータプライバシー規制が存在している国においてはその規制が複雑化
しており，またこれまでデータプライバシー規制が存在していない国において

も他国を参考に規制を検討している場合が多い。データの取扱い一つをとっても、どの国でどのような規制があり（または規制がなされそうであり）、どの国を拠点にビジネスを展開すればよいかといった問題が生じ、仮に弁護士等に相談をするにせよ会社側での前提知識がなければ相談もままならない状況になっている。

　また、セキュリティー上の問題、たとえばサイバー攻撃対応や情報漏えい対応においても、会社側でその行動を取りまとめる人物が必要になるし、リモートワーク対応等を含む平時のセキュリティー強化においても（専門的な業務は担当者が行うにせよ）会社としてセキュリティー方針の大綱や、何を許容し何を許容しないかといった大きな判断については実務担当者ではなくリーダー側の役割である。これらの場面ではジェネラルカウンセルの意見を仰ぐことも有益であろう。新型コロナウィルス感染症への対処についてもジェネラルカウンセルは無縁でない。このような感染症に対して、企業は医療関係の最高責任者を置き、職域接種の実施やリモートワークの導入を含む会社における感染拡大防止、従業員の健康への配慮、感染者が発生した際の対応等を行うことになるが、法律・社内規則等を意識しつつスピーディーに対応することができる人物が社内にどれほどいるだろうか。このような難しい局面を乗り越えるための人材としてジェネラルカウンセルの名前が挙がっても何ら不思議ではない。

　ESG投資への対応もジェネラルカウンセルの得意領域である。現在のESG問題に対応するフェーズにおいてもジェネラルカウンセルの能力は重要であるが、将来のESG問題への備えにおいても同様である。

　すなわちESG投資の根底には、環境や社会の変動を念頭においた長期的なリスクマネジメントの考えがあるが、たとえば①どのような社会上の問題（人権等）がビジネスに影響を及ぼすか、②将来の環境や社会の変動がビジネスに対してどのような形で影響を及ぼすか（＝いかなる形の規制や自主ルールとして現れるか）といった予測において情熱や倫理観、インテグリティインテグリティなどが必要になり、リーガルマインドも必要になることは先に述べたとおりであるが、リーガルマインドを前提とした企業戦略は、まさにジェネラルカ

ウンセルの本領が発揮される場面である。

─────────── 第**4**章 ───────────

企業風土改革のM&A・PMI・人的資本経営への応用

　本編では企業不祥事からの再生として，正しいリーダーシップを発揮して内部統制を強化し企業風土を改革するためのヒントを述べてきたが，この手法は自社の再生時にだけ役立つものではない。

　たとえば，反対派がいるにもかかわらず速やかに企業風土の改革を成し遂げた場合には，それは逆境の中でもリーダーが従業員のマインドを動かす技法，自らのマインドを浸透させる技法がリーダーに備わってきたことを意味するし，よい企業風土の下では，そのマインドは上司部下や同僚の間でさらに浸透していくことになる。つまり，企業風土の改革を成し遂げたことは，リーダーも組織全体も，高い浸透力を持つ状況に至ったことを意味する。

　そんな状況下，そのリーダーや組織と日常的に接する人には，自然とそのマインドが浸透していくことになろう。悪しき企業風土に皆染まっていった過去とは逆に，よい企業風土に皆染まっていくという好循環が生まれ，たとえばM&Aの後のPMI（Post Merger Integretion）や新たに雇用した従業員の教育においてもこの高い浸透力が発揮されることになる。

　そうすると，特に企業風土改革というのは，企業不祥事からの再生時だけでなく，これから規模や陣容を拡大しようとする会社において，あらかじめ自らのカラーをよいものに，濃いものにしておき，自社と接する（自社の傘下に入る，統合する，入社する）相手に自らのカラーを浸透させる技法となるのである。

【図表3－4－1】　2つの均衡状態

企業風土改革は悪循環から転換するための「フォーカルポイント」！

	企業風土良い	企業風土悪い
業績良い	均衡点①（好循環）	
業績悪い		均衡点②（悪循環）

コラム

敵対的買収

　M&Aには，買収対象会社の現経営陣の同意を得た上での「友好的買収」，同意を得ないままの「敵対的買収」があるが，PMIにおける「友好的」「敵対的」と企業風土改革の関係についても述べておきたい。

　現経営陣との関係で買収方法が友好的か敵対的かと，PMIにおける「友好的」「敵対的」は異なる。買収方法が友好的であれ敵対的であれ，その後の成功のためには，PMIは友好的になされる必要がある。しかし「旧経営陣が悪政を敷いていた中に新経営陣が颯爽と救世主のように現れる！」といった例外的な場合を除き，従業員にとって，急に乗り込んでくる新経営陣が「友好的」に見えるなんてことがあるだろうか。

　そういった場面で新経営陣が「友好的」に迎えられるための鍵が，よい企業風土である。リーダーとしては，買収過程とPMIの過程は一致すると思い込むことなく，敵対的に買収をしたとしても，その後，自社のよい企業風土を自ずと浸透させる友好的なPMIを目指すべきであろう。そのためには平素から浸透力の高いよい企業風土をあらかじめ醸成することが欠かせず，見方を変えればPMI戦略はM&A前の平時から始まっているのである。

コラム

２×２マトリックス：均衡点は２つある！？

　経済学では，需要曲線と供給曲線から導き出される商品の生産量と価格のように，均衡点は１つに定まるという想定が多いように思われる。最適解が１つというのは，感覚的にもわかりやすい。

　景気の波が好況と不況を繰り返すということや，極端に良い状態または悪い状態が，長期間においては平均的な状態に戻る（平均への回帰）という仮定も，広い意味でとらえれば，１つの均衡点に収れんしていく流れを想定させる。

　それでは，なぜ業績のいい企業による「一人勝ち状態」が長期間にわたって続く（しかも，一人勝ち状態がさらに顕著になっていく）ことや，逆に，凋落した企業がいつまでも回復の糸口をつかめない状態が続くことが起きるのだろうか。

　これらは，均衡点が２つあるためと考えると納得できる。すなわち，「好循環」または「悪循環」といった言葉でとらえられる現象であるが，一度そのいずれかの均衡点に入り込んでしまうと，容易にそこから抜け出せない。これこそ，ナッシュの均衡で示唆される２つ（複数）の均衡状態である。

　よい企業風土に支えられて業績好調な企業は，社員のモチベーションや意欲に支えられてさらに企業風土がよくなり，業績は一層好調になる。逆に，不祥事を繰り返して企業イメージも業績も悪化する悪循環に陥った企業は，容易にそこから抜け出せないから，何度も不祥事を繰り返す。そのように考えることもできる。

　この容易に抜け出せない「望まざる均衡」からの脱却を図るためには，一種のショックにも似た「転換点」（フォーカルポイント）が必要である。不祥事を繰り返す企業で言えば，社員がその「転換点」の仕掛けを感じ取って，一人ひとりの行動変容につながるかどうかが，「悪循環」から「好循環」への転換のカギを握る。まさにその仕掛けが企業風土改革なのである。

終章

組織と戦略
―MBA視点とリーガル視点

　本書を振り返ると，第2編では不祥事対応，第3編では企業風土改革につい
て述べてきたが，これはいわば組織設計に関する話と言える。一方，第1編で
はリーダーのメッセージが誤解・曲解された事例について述べてきたが，これ
は戦略に関する話と言える。

　また，第1編ではメッセージが誤解・曲解されやすい土壌を作り，かつ従業
員に正しいメッセージを受け取るための教育をしないまま，従業員が誤った
メッセージを受け取って不適切行為に及んだとすれば，それはまさしくリー
ダーの失敗である，と述べたが，これは「戦略は組織に従う」という議論と親
和的である。

　本書は組織と戦略の議論について正面から扱うものではなかったが，最後に
組織と戦略の議論と関連付けて述べてみたい。

1　組織と戦略の議論

(1)　これまでの議論

　組織と戦略について，学会・実務者では，大きく2つの見解に分かれていた。
1つは，「組織は戦略に従う」という見解である。もう1つは，「戦略は組織に
従う」という見解である。

　前者の「組織は戦略に従う」は，GMの経営者でもあったアルフレッド・ス

ローンの見解をチャンドラー（経営学者）が発展させたものである。スローンは，M&Aで巨大になったGMの経営の在り方を模索する上で，資本関係にあったデュポンの組織設計を参考に，事業部制組織を構築し，GMの発展の礎を築いた。

後者は，立派な戦略を立てたとしても実行できなければ意味がないのではないか，という問題意識からイゴール・アンゾフ（経営学者）が唱えたものである。

ピーター・ドラッカーは，「組織の構造とは，組織が目的を達成するための手段である。したがって構造に取り組むには，戦略から入らなければならない」と述べ，組織設計は，戦略を前提にして行うべきと論じている。

また，ハーバード・ビジネススクール教授のマイケル・ポーターも，経営戦略とは，経営資源（ヒト・モノ・金・情報）の配分であり，経営資源を最大限に活用して経営目標を達成するのが経営である以上，それに適した組織を構築するのは必然であるという見地から，「組織は戦略に従う，戦略は産業構造に従う」と述べている。

一方で，「業績を自動的に上げる組織があるに違いない」というような幻想を捨てなければならない，ともドラッカーは述べている。

これ対し，アンゾフは，多くの企業が組織編成の見直しをするものの，戦略達成に不十分な企業が多いことに課題意識を持ち，組織と戦略に関する通説を疑い，逆の結論に到達した。それが「戦略は組織に従う」というものである。

いくら戦略が正しくとも，組織の抵抗にあえば戦略は実現されず，途中で頓挫する。ということであれば，自社組織の実力（ケイパビリティ）を踏まえた上で，実行可能な戦略を立案することの方が，より適切ではないか，というのがアンゾフ理論の概要である。

しかしながら，自社組織の実力（ケイパビリティ）を所与の前提とするのでは，経営環境が大きく変わった際に，組織変革が間に合わず，衰退（退場）してしまうのではないか，という懸念もある。

(2)　いずれの議論とも説得的だ

「組織は戦略に従う」,「戦略は組織に従う」のいずれの見解も，膨大な研究結果をもとにしたものであり，それぞれ大変に説得力のある見解である。

その意味において，論理的にどちらが正しいということは言えないし，そのような判断をすることが妥当とも思えない。ただ，時代や社会の変遷に応じて，いずれがより現在の経営環境を言い当てているかという議論はできるものと考えられる。

以下では，その文脈で考察を試みることとしたい。

(3)　いずれ議論に収れんされつつあるのだろうか

直近のコーポレートガバナンスに関する議論の高まり・発展に伴い，両者の議論は，概ね一つの見解へと収れんがみられつつあるとされる。

すなわち，それは，「戦略は組織に従う」である。

VUCA（Volatility・Uncertainty・Complexity・Ambiguity，変動・不確実・複雑・曖昧）と呼ばれる時代においては，戦略の賞味期限がより短くなる中で，次々と新たな戦略立案をするのではなく，立案した戦略をその都度現場レベルで見直し・修正できる組織のケイパビリティを高めていくことが重要との見解だ。

即ち，組織のケイパビリティを向上させ，組織の実行できる戦略レベルを向上させていくという組織・人事戦略に大きく軸足を置いたアプローチが大変着目されている。組織・人事課題の解決が経営戦略立案に，大きな影響を及ぼしているということである。

付け加えれば，企業の人事部門自体（ひいてはその人事が採用する戦略的コーポレート人材のプール）の優劣が，その先の企業の成長可能性を決定づけると言っても過言ではない。「販管費削減」や「本社オーバーヘッドの抑制」などを標ぼうして，経営参謀としての人事機能の増強も図らない経営陣は，やがて組織を腐らせ，企業の成長可能性の芽を摘んでいることに気づくべきである。

　また，組織課題の最も重要なものは，「強い実行力」とその裏返しでもある「企画力の弱さ（ひいては目先の目標達成に向けて余計なことをせず邁進する強さ＝現状維持マインドの強さ）」の是正をどう戦略的に図っていくか，ということなのだろう。企画力が弱い企業は，その先の成長もおぼつかないことを勘案すれば，強い実行力だけを強みとする企業は，中長期的な成長を犠牲にしていることに留意すべきである。

2　不正調査の観点から―Ethical legal and social issues

　法律家の立場から言えば，インテグリティが欠如し腐った組織では，どんなに良い戦略を立ててもうまくいかないのは当然のことという想いである。

　不正調査の局面においても，最終的に原因分析から得られる再発防止策として，組織文化や組織風土の改革があげられる。

　まさに弁護士や会計士が指摘しているのはこのこと―不十分な組織文化・風土は企業をダメにする最大の要因―であり，アンゾフが唱えた「戦略は組織に従う」という見解に収れんされる傾向は非常に納得感がある。すなわち，不正調査の観点からも，「戦略は組織に従う」ということは非常に首肯できるところである。

　組織文化の改革や向上，あるいは組織文化の強さや健全性，経営者のインテグリティ，そういったキーワードを念頭に，組織をいかに創り上げていくのか，組織の強靭化と柔軟さ，そして働く人々の充実感，といったことが企業にとって重要と考えている。

　我が国に多い企業組織パターンとして，組織の階層が非常に重層化・複雑化されており，また，異なる出自の会社がいくつも合併した結果，お互いを気遣い，さらには上位階層の担当者や部門長，あるいは社長に気遣い，モノが言えない，あるいは正しい指摘があったとしても，自分が社長の間はうまく流しておこうと等閑視する雰囲気が非常に強いと感じるときがままある。また，代々（先輩が）創り上げてきたビジネスモデルを壊すということへのためらいの気持ちもあったと思われる。

　これはまさに，個々人の意識の問題ではあるが，さらにそれが組織全体のアトモスフィア・雰囲気となり，誤ったビジネス判断や不正の勃発につながったと言える。逆に，組織文化や風土が良好であり，組織の実行力が高ければ，個々人もそのような意識に陥らなかったのではないかとも思われる。

　ゆえに，不正調査の観点からも，企業を立て直す・成長させる（＝戦略）ためには，まずは組織文化や風土の課題を解決し組織のケイパビリティを向上させ，組織の実行力そのものを高めていくことが重要であると思う。

　繰り返しになるが，「戦略は組織に従う」，これは法律家による不適切事象（不祥事—たとえば，会計不正，品質不正）にかかる調査，なかんずく，「組織構造的な調査」を行った場合は特に，経験上，非常に納得感のある見解である。

3　戦略について語ることを促される時流とその落とし穴

　近年，「パーパス」という形で行動原則や価値観を示す企業が増えている。このような取組みそれ自体は誤りではないし，（他社に遅れまいとして）リーダーが取り組みたがることは理解できる。

　しかし，「戦略は組織に従う」という点を看過してはならない。リーダーがどれほど優れたパーパスを語ろうとしても，企業全体として受け入れるためには，器としての健全な企業風土・内部統制が必要である。それも，本社の中核・主要な部門の企業風土・内部統制さえよければ足りるものではなく，子会社，中核・主要でない部門等含め，縦割り意識，タコつぼ化（セクショナリズム），サイロ化等に陥っていないことが必要である。

　取締役会等のガバナンス（特に社外取締役や社外監査役の監視機能）が機能していれば，パーパスを受け入れ実行するだけの健全な企業風土・内部統制が備わっているかを見極められるが，ガバナンスが欠如していれば，器が小さいことに気づくこともできない。

　その結果，パーパスといった「戦略」それ自体は正しかったのに，「組織」の限界からかえって「誤ったメッセージ」となり，企業不祥事の原因となることある。

　リーダーがメッセージ発信を促されることが増えた今の時代だからこそ，一応善良な（少なくとも悪人ではない）リーダーの下でも「不健全な企業風土」＆「ガバナンスの欠如」→「誤ったリーダーシップの発揮」という落とし穴にはまりやすいと言えよう。

【参考文献（書籍）】

■リーダーシップ（思想的なものとノウハウ的なものを区別せず）

C.K. Prahalad and Gary Hamel『Core Competence of the Corporation』（Harvard Business Review, 1990）

フィリップ・コトラー『新版 マーケティング原理―戦略的行動の基本と実践』（ダイヤモンド社, 1995）

Michael E. Porter『Competitive Advantage : Creating and Sustaining Superior Performance』（Free Press, 1998）

Richard A. Brealeyほか『Principles of Corporate Finance - 7th Edition』（McGraw-Hill College, 2003）

アルフレッド・D・チャンドラー Jr.『組織は戦略に従う』（ダイヤモンド社, 2004）

畑村洋太郎『失敗学のすすめ』（講談社, 2005）

Harvard Business Review『Power, Influence, and Persuasion』（Harvard Business Review Press, 2005）

エベレット・ロジャーズ『イノベーションの普及』（翔泳社, 2007）

Michael E. Porter『On Competition』（Harvard Business Review Press, 2008）

Carl Mcdaniel Jr and Roger Gates『Marketing Research, 8Th Edition』（Wiley, 2011）

ケリー・マクゴニガル『スタンフォードの自分を変える教室』（大和書房, 2012）

リンダ・A・ヒル＝ケント・ラインバック『ハーバード流ボス養成講座』（日本経済新聞出版社, 2012）

野中郁次郎『失敗の本質 戦場のリーダーシップ篇』（ダイヤモンド社, 2012）

ジェフリー・ムーア『キャズム―新商品をブレイクさせる「超」マーケティング理論〔Ver.2 増補改訂版〕』（翔泳社, 2014）

Daisy Wademanほか『Remember Who You Are』（Harvard Business Review Press, 2014）

ジョン・ブルックス『人と企業はどこで間違えるのか？―成功と失敗の本質を探る「10の物語」』（ダイヤモンド社, 2014）

加護野忠男『経営はだれのものか』（日本経済新聞出版社, 2014）

柴田昌治『日本企業の組織風土改革―その課題と成功に導く具体的メソッド』（PHP研究所, 2016）

H.イゴール・アンゾフ『アンゾフ戦略経営論〔新訳 新装版〕』（中央経済社, 2015）

瀧本哲史『戦略がすべて』(新潮新書, 2015)

タムラ・チャンドラー『時代遅れの人事評価制度を刷新する―そのパフォーマンス・マネジメントは価値を生み出していますか?』(ヒューマンバリュー, 2018)

ハーバード・ビジネス・レビュー編集部『リーダーシップの教科書』(ダイヤモンド社, 2018)

田中靖浩『会計の世界史　イタリア, イギリス, アメリカ―500年の物語』(日本経済新聞出版社, 2018)

クリスティーン・ポラス『Think CIVILITY「礼儀正しさ」こそ最強の生存戦略である』(東洋経済新報社, 2019)

山口周『ニュータイプの時代』(ダイヤモンド社, 2019)

大山誠『グローバル企業のビジネスモデルをつかむ英文決算書の読みかた』(ソシム, 2019)

ルートポート『会計が動かす世界の歴史―なぜ「文字」より先に「簿記」が生まれたのか』(KADOKAWA, 2019)

チャールズ・A・オライリー＝マイケル・L・タッシュマン『両利きの経営―「二兎を追う」戦略が未来を切り拓く』(東洋経済新報社, 2019)

野口悠紀雄『平成はなぜ失敗したのか―「失われた30年」の分析』(幻冬舎, 2019)

伊丹敬之『経営の知的思考　直感で発想　論理で検証　哲学で跳躍』(東洋経済新報社, 2020)

高森厚太郎『中小・ベンチャー企業 CFOの教科書』(中央経済社, 2020)

アリソン・レイノルズほか『よきリーダーは哲学に学ぶ』(CCCメディアハウス, 2020)

安宅和人『シン・ニホン―AI×データ時代における日本の再生と人材育成』(ニューズピックス, 2020)

柴田昌治『なぜ, それでも会社は変われないのか―危険を突破する最強の「経営チーム」』(日経BP日本経済新聞出版, 2020)

デボラ・グルーンフェルド『スタンフォードの権力のレッスン』(ダイヤモンド社, 2021)

マルクス・ガブリエル『つながり過ぎた世界の先に』(PHP研究所, 2021)

岸田雅裕『INTEGRITY インテグリティ―正しく, 美しい意思決定ができるリーダーの「自分軸」のつくり方』(東洋経済新報社, 2021)

中山達樹『インテグリティ―コンプライアンスを超える組織論』(中央経済社, 2021)

三枝匡『V字回復の経営〔増補改訂版〕』（日本経済新聞出版社，2021）

武田雄治『「社長」の本分』（中央経済社，2022）

石川淳『リーダーシップの理論』（中央経済社，2022）

■企業風土・内部統制・ガバナンス

遠山美都男ほか『人事の日本史』（毎日新聞社，2005）

ジェームズ・ラム『統合リスク管理入門―ERMの基礎から実践まで』（ダイヤモンド社，2008）

宮島英昭『日本の企業統治―その再設計と競争力の回復に向けて』（東洋経済新報社，2011）

渡部昭彦『日本の人事は社風で決まる―出世と左遷を決める暗黙知の正体』（ダイヤモンド社，2014）

ラム・チャランほか『取締役会の仕事―先頭に立つとき，協力するとき，沈黙すべきとき』（日経BP社，2014）

植村修一『不祥事は，誰が起こすのか』（日本経済新聞出版社，2014）

町田祥弘『内部統制の知識〔第3版〕』（日本経済新聞出版，2015）

ジョン・P・コッター『実行する組織―大組織がベンチャーのスピードで動く』（ダイヤモンド社，2015）

高桑幸一ほか『監査役の覚悟』（同文舘出版，2016）

日経エコロジー『ESG経営 ケーススタディ20』（日経BP社，2017）

松田千恵子『ESG経営を強くするコーポレートガバナンスの実践』（日経BP社，2018）

水口剛『ESG投資―新しい資本主義のかたち』（日本経済新聞出版社，2017）

山岸洋一ほか『これですべてがわかるIPOの実務〔第4版〕』（中央経済社，2019）

Evan Gilman＝Doug Barth『ゼロトラストネットワーク―境界防御の限界を超えるためのセキュアなシステム設計』（株式会社オライリー・ジャパン，2019）

マーヴィン・キング『SDGs・ESGを導くCVO（チーフ・バリュー・オフィサー）』（東洋経済新報社，2019）

モニターデロイト『SDGsが問いかける経営の未来』（日本経済新聞出版社，2018）

竹林信幸『日本型PMIの方法論―中堅・中小企業を成長させるポストM&Aのプロセス』（プレジデント社，2019）

箱田順哉ほか『これですべてがわかる内部統制の実務〔第4版〕』（中央経済社，2019）

本村健ほか『第三者委員会―設置と運用〔改訂版〕』（金融財政事情研究会，2020）

和田芳幸ほか『IPO物語―とあるベンチャー企業の上場までの745日航海記』（商事法務，2020）

村上芽＝渡辺珠子『SDGs入門』（日本経済新聞出版社，2019）

田瀬和夫＝SDGsパートナーズ『SDGs思考―2030年のその先へ 17の目標を超えて目指す世界』（インプレス，2020）

中村元彦『中小上場会社の内部統制―実務上の課題と提言』（同文舘出版，2020）

EY新日本有限責任監査法人『監査役監査の基本がわかる本〔第4版〕』（同文舘出版，2021）

日本投資環境研究所ほか『ここから始める IPO・内部統制の基本』（中央経済社，2021）

柴田彰＝酒井博史＝諏訪亮一『経営戦略としての取締役・執行役員改革』（日本能率協会マネジメントセンター，2021）

本村健『グローバル競争を勝ち抜くための「取締役会改革」入門』（幻冬舎，2021）

井上康晴＝亀長尚尋『武器としてのコーポレートガバナンス―経営陣・委員会事務局の変革指針』（中央経済社，2022）

遠藤功『「カルチャー」を経営のど真ん中に据える―「現場からの風土改革」で組織を再生させる処方箋』（東洋経済新報社，2022）

今野浩一郎＝佐藤博樹『人事管理入門〔新装版〕』（日本経済新聞出版，2022）

■事例紹介（東芝，オリンパス等の会計不祥事等）

国広正『修羅場の経営責任―今，明かされる「山一・長銀破綻」の真実』（文藝春秋，2011）

チームFACTA『オリンパス症候群―自壊する「日本型」株式会社』（平凡社，2012）

浜田康『粉飾決算』（日本経済新聞出版社，2016）

小笠原啓『東芝　粉飾の原点―内部告発が暴いた闇』（日経BP社，2016）

藤森徹『あの会社はこうして潰れた』（日本経済新聞出版社，2017）

有森隆『社長争奪―世襲・派閥・策謀』（さくら舎，2018）

パティ・マッコード『NETFLIXの最強人事戦略―自由と責任の文化を築く』（光文社，2018）

嶋田賢三郎『巨額粉飾』（新潮社，2011）

國廣正『企業不祥事を防ぐ』（日本経済新聞社出版，2019）

荒木博行『世界「倒産」図鑑―波乱万丈25社でわかる失敗の理由』（日経BP社，2019）

戸部良一ほか『失敗の本質―日本軍の組織論的研究』（中央公論新社，2020）

藤田知也『郵政腐敗―日本型組織の失敗学』（光文社，2021）

藤岡雅『保身―積水ハウス，クーデターの深層』（KADOKAWA，2021）

高橋篤史『亀裂―創業家の悲劇』（講談社，2022）

■その他

ジェレミー・シーゲル『株式投資―長期投資で成功するための完全ガイド〔第4版〕』（日経BP社，2009）

吉原達也ほか『リーガル・マキシム―現代に生きる法の名言・格言』（三修社，2013）

亀山康子＝森晶寿『シリーズ　環境政策の新地平1　グローバル社会は持続可能か』（岩波書店，2015）

ジェレミー・シーゲル『株式投資の未来―永続する会社が本当の利益をもたらす』（日経BP社，2005）

リンダ・グラットン＝アンドリュー・スコット『ライフ・シフト―100年時代の人生戦略』（東洋経済新報社，2016）

野口悠紀雄『世界史を創ったビジネスモデル』（新潮社，2017）

デビッド・クラーク『マンガーの投資術：バークシャー・ハザウェイ副会長チャーリー・マンガーの珠玉の言葉―富の追求，ビジネス，処世について』（日経BP社，2017）

クラウス・シュワブ『第四次産業革命―ダボス会議が予測する未来』（日本経済新聞出版社，2016）

亀井卓也『5Gビジネス』（日本経済新聞出版社，2019）

日立東大ラボ『Society（ソサエティ）5.0―人間中心の超スマート社会』（日本経済新聞出版社，2018）

小林喜光監修・経済同友会著『危機感なき茹でガエル日本―過去の延長線上に未来はない』（中央公論新社，2019）

馬田隆明『成功する起業家は「居場所」を選ぶ―最速で事業を育てる環境をデザインする方法』（日経BP社，2019）

デービッド・アトキンソン『日本人の勝算―人口減少×高齢化×資本主義』（東洋経済新報社，2019）

日経BP総研『ビジネスを変える100のブルーオーシャン：日経BP総研2030展望』
（日経BP，2019）

レベッカ・ヘンダーソン『資本主義の再構築—公正で持続可能な世界をどう実現す
るか』（日経BP，2020）

鈴木宏昭『認知バイアス—心に潜むふしぎな働き』（講談社，2020）

バーツラフ・シュミル『Numbers Don't Lie—世界のリアルは「数字」でつか
め！』（NHK出版，2021）

【参考文献（ウェブサイト）】

■リーダーシップ

Subarctic Survival Situation（https://www.humansynergistics.com/change-
solutions/change-solutions-for-groups-and-teams/team-building-simulations/
survival-series/subarctic-survival-situation）

Harvard Business School Website（https://www.hbs.edu/Pages/default.aspx）

（Harvard Business Reviewオンライン記事）『味の素・西井社長は「パーパス経
営」実践のために何を行ったか』（https://dhbr.diamond.jp/articles/-/7660，
2021年）

■企業風土・内部統制・ガバナンス

（独立行政法人経済産業研究所ウェブサイト掲載資料）森川正之『本社機能と生産
性：企業内サービス部門は非生産的か？』（https://www.rieti.go.jp/jp/publicatio
ns/dp/14j028.pdf，2014）

（株式会社レイヤーズ・コンサルティングウェブサイト掲載資料）石井哲司ほか
『Three-pillar model（CoE/BP/OPE）によるコーポレート機能変革』（https://
www.layers.co.jp/solution/threepillar/）

【著者紹介】

本村　健（もとむら　たけし）
慶應義塾大学大学院法学研究科民事法学専攻前期博士課程，ワシントン大学ロースクール修了（LLM）。経営法務・ガバナンス，危機管理対応，経営権争奪・プロキシーファイト対応を行うほか，IPO支援に取り組む。独立社外役員，買収防衛策特別委員，公益法人等の理事監事評議員への就任，東京大学客員教授，東京大学大学院法学政治学研究科非常勤講師を歴任。弁護士。

齋藤　弘樹（さいとう　ひろき）
東京大学法学部卒業，東京大学法科大学院修了。企業法務，訴訟，会計不正対応をはじめとする危機管理対応，内部統制システムの構築運用に係る助言を行う。このほか，サイバーセキュリティ等のIT関連業務等を数多く取り扱い，オンラインセミナーや執筆活動（ビジネス法務2021年12月号特集記事等）も行う。弁護士。

清水　俊宏（しみず　としひろ）
東京大学法学部卒業，ハーバード大学経営大学院修了（MBA）。様々な業種の企業や民間法人において，ガバナンス・内部統制システムの構築・強化や組織風土の改革を推進。専門は，ファイナンス，経営戦略，内部統制システムの構築・整備・運用。上級内部統制実務士。

企業が腐る3つの理由
──インテグリティはあるのか

2023年9月15日　第1版第1刷発行

著　者　本　村　　　　健
　　　　齋　藤　弘　樹
　　　　清　水　俊　宏
発行者　山　本　　　継
発行所　㈱中　央　経　済　社
発売元　㈱中央経済グループ
　　　　パ ブ リ ッ シ ン グ

〒101-0051　東京都千代田区神田神保町1-35
電話　03 (3293) 3371 (編集代表)
　　　03 (3293) 3381 (営業代表)
https://www.chuokeizai.co.jp
印刷／三英グラフィック・アーツ㈱
製本／㈲井 上 製 本 所

© 2023
Printed in Japan

＊頁の「欠落」や「順序違い」などがありましたらお取り替えいた
しますので発売元までご送付ください。（送料小社負担）
ISBN978-4-502-46011-1　C3034

JCOPY〈出版者著作権管理機構委託出版物〉本書を無断で複写複製（コピー）することは，
著作権法上の例外を除き，禁じられています。本書をコピーされる場合は事前に出版者
著作権管理機構（JCOPY）の許諾を受けてください。
　JCOPY〈https://www.jcopy.or.jp　eメール：info@jcopy.or.jp〉